The Ultimate Beginners' Guide for Coding with Python

국가대표
파이썬 첫걸음

The Basic **Python** Programing **for All** Peoples

국가대표 파이썬 첫걸음

지은이_ The Coding College Instructors

1판 1쇄 인쇄_ 2018. 07. 07.
1판 1쇄 발행_ 2018. 07. 14.

발행처_ 더 코딩 칼리지
발행인_ 신은영

등록번호_ 제2018-000079호
등록일자_ 2018. 5. 4

주소_ 경기도 고양시 일산동구 무궁화로 11 한라밀라트 B동 215호
전화_ (070) 8224-5900   팩스_ (031) 911-6486

값은 표지에 있습니다.
ISBN 979-11-964129-0-6 (93000)

「이 도서의 국립중앙도서관 출판시도서목록(CIP)은 서지정보유통지원시스템 홈페이지
(http://seoji.nl.go.kr)와 국가자료공동목록시스템(http://www.nl.go.kr/kolisnet)에서
이용하실 수 있습니다. (CIP제어번호: CIP2018019598)

이메일_ codingcollege@naver.com

Read a chapter, then do interactive exercises to make your Python knowledge stick.

PYTHON
국가대표
파이썬 첫걸음

The Ultimate Beginners' Guide

for Coding with Python

● **EASY**
Learn How to Code Step by Step!

● **SMART**
Learn Python with the Compact Guide!

● **QUICK**
Learn Python in Short Way Ever!

Tutorial Page
튜토리얼 페이지

난생 처음 '프로그래밍 언어'를 시작하는 분,
'코딩은 1도 몰라요!' 하는 분들을 위한
튜토리얼 페이지를 준비했습니다.
다음의 튜토리얼을 이해하고 공감한다면
우리들은 '프로그래밍 언어 학습 적합' 또는
'프로그래밍 언어 학습 체질'입니다.

1. Python [파이썬]이라는 '프로그래밍 언어'를 직관적으로 이해하는 방법!

Python을 현존하는 '**가장 직관적인 프로그래밍 언어**'라고 합니다.
하지만 이것은 순전히 알파벳 언어권 사용자들에게 그렇다는 말이지
우리에겐 사정이 좀 다릅니다.
(우리나라 사람들에게 가장 직관적인 프로그래밍 언어는
알파벳 대신 한글로 만들어진 것이며, 아쉽게도 아직입니다.)

대부분의 프로그래밍 언어는 영어를 기반으로 만들어졌으며,
개발자들 역시 알파벳 언어권의 사람들입니다.
영어의 단어, 영어의 구조적 특성이 프로그래밍 언어의 기본이자,
프로그래밍 언어의 근본이라고 할 수 있습니다.

● EASY
Learn How to Code Step by Step!

● SMART
Learn Python with the Compact Guide!

● QUICK
Learn Python in Short Way Ever!

우리가 배울 **Python**은 '**프로그래밍 언어**'입니다.
외국어처럼 또 다른 언어입니다.
컴퓨터와 소통하기 위해 필요한 일종의 '**제3 외국어**'인 셈입니다.

그래서 우리는 **Python**의 모든 프로그래밍 용어를
처음부터 '영어'로 이해하고 기억하려고 합니다.
시판되고 있는 교재들은 프로그래밍 용어를
편의에 따라 어떨 때는 번역어로 소개하고,
영어를 혼용하기도 하며, 심지어 일본에서 넘어 온 한자를
그대로 번역한 경우도 있습니다.
이는 처음 공부하는 학습자들에게 결코 도움이 되지 않을 뿐만 아니라,
번역용어가 난해하여 오히려 학습에 장애가 될 수 있습니다.

그래서 처음 프로그래밍 언어를 시작하는 **우리는**
앞으로의 모든 용어/기호명을 영어로 기억하려 합니다!
어차피 우리가 나중에 다루게 될 코드들의 주석(설명)들은 영어로 되어 있고,
우리가 활용할 만한 좋은 코드를 외국의 사이트에서 공유 받으려면,
영어로 된 용어의 이해는 필수적입니다.

아울러 앞으로 소개될 코딩 예제들의 예문들 또한
가장 기초적인 수준의 영어 문장으로 만들겠습니다.
알파벳을 모르면 영어를 시작할 수 없는 것처럼
프로그래밍 언어 학습도 마찬가지입니다.

다음은 앞으로 우리가 만나게 될 용어들의 병렬 표기 예시입니다.

{ }	**Curly Bracket**	[컬리 브래킷	: 중괄호]
기호	영어이름	영어 발음토	의미 또는 번역표기

● EASY
Learn How to Code Step by Step!

● SMART
Learn Python with the Compact Guide!

● QUICK
Learn Python in Short Way Ever!

2. Python이라는 '프로그래밍 언어'의 본질을 이해하는 결정적 포인트! (필독 페이지)

자! 한번 찬찬히 생각해봅시다!

영어 문장 **Is 'n' in 'banana'?**
[이즈 '엔' 인 '바나나'? : '엔'이 '바나나' 안에 있습니까?]를
Python으로 코딩하면 다음과 같습니다.

Is 'n' in 'banana'?

```
>>> 'n' in 'banana'
```

두 문장은 '인간의 언어 **vs** 컴퓨터의 언어',
'**English vs Python**'으로 대비시킬 수 있습니다.
우리의 관심은 '영어가 파이썬으로 바뀌는 법칙'입니다.
그리고 알파벳 언어권 사람들은 어떤 생각의 흐름으로
저 두 문장을 똑같은 것으로 보느냐가 의심의 본질입니다.

둘을 비교하면 영어의 **be** 동사 **is**와 마지막의 물음표가
Python으로 넘어 오면서 생략되었습니다.
반대로 **'n' in 'banana'**라는 코드를 읽을 때 알파벳 언어권 사람들은
자연스럽게 **Is 'n' in 'banana'?**라고 읽는다는 것입니다.
본능적으로 말입니다.

● EASY
Learn How to Code Step by Step!

● SMART
Learn Python with the Compact Guide!

● QUICK
Learn Python in Short Way Ever!

다음을 보겠습니다.

Print 'banana'! [프린트 '바나나'! : '바나나'를 프린트 하세요!]를
Python으로 코딩하면 아래와 같습니다.

Print 'banana'!

```
>>> print ('banana')
```

이번에는 **print**라는 '동사'가 포인트입니다.
그리고 **'banana'**라는 '목적어'는 '괄호'로 처리되었습니다.

주어가 생략되어 있고, 동사가 먼저 나오고,
다음에 목적어 그리고 문장 끝에 느낌표가 붙는
전형적인 영어의 '명령문'입니다.

'명령을 내리는 사람'과 '명령를 수행하는 컴퓨터'의 관계가
이미 전제되어 있기 때문에 '주어'는 **Python**에서도
생략되고 없는 것입니다.

그리고 영어의 문장부호(물음표/느낌표) 등도 생략되었습니다.
결국 '컴퓨터의 언어'에서 '인간의 언어' 즉
'자연어'의 문장 부호는 **Python**에서는
생략된다는 사실을 알 수 있습니다.
Python의 여러 가지 '문법'을 유추할 수 있는 부분입니다.

● **EASY**
Learn How to Code Step by Step!

● **SMART**
Learn Python with the Compact Guide!

● **QUICK**
Learn Python in Short Way Ever!

다음을 더 보겠습니다.

Append A to B! [어펜드 에이 투 비! : 비에 에이를 붙이세요!]를
Python으로 코딩하면 아래와 같습니다.
(영어의 **append A to B** (**B**에 **A**를 붙이다)는
'동사 + 전치사' 형태의 '숙어'입니다.)

Append A to B!

>>> B . append （A）

이번에는 **. Dot** [닷 : 점]이 포인트입니다.
Dot이 전치사 **to** [투 : ~에/에게]를 대신하고 있다는 사실입니다.
'**B**에 괄호 안에 든 목적어 **A**를 붙여서 연결해라!'라는 것입니다.
print ('banana')에서처럼 목적어는 괄호 안으로 모시고 있습니다.
이렇게 **Python**이 영어의 숙어문을 어떻게 처리하는지 확인했습니다.

마지막으로 보겠습니다.

이번에는 **if else** [이프 엘스] 조건문입니다.
(만약에 ~라면 ~하고, 그렇지 않으면 ~해라.)
If 'p' is in 'apple', print 'YES', else print 'NO'.
(만약에 'p'가 'apple' 안에 있다면, 'YES'를 프린트하고, 그렇지 않으면 'NO'를 프린트 하세요.)

이렇게 긴 영어 문장이 **Python**에서는 어떻게 되는지 확인해 보겠습니다.

● EASY
Learn How to Code Step by Step!

● SMART
Learn Python with the Compact Guide!

● QUICK
Learn Python in Short Way Ever!

If 'p' is in 'apple', print 'YES', else print 'NO'.

```
>>> if 'p' in 'apple' :
...     print ('YES')
... else :
...     print ('NO')
```

주목할 점은 **Python**은 행을 바꾸고 들여 쓰기를 한다는 것입니다.
소위 어절에 따라 행을 바꾸거나 **: Colon** [콜런: 쌍점]으로 블록을 정합니다.
(**>>>** 와 **...** 는 자동으로 표시되는 기호입니다.)

찬찬히 비교해 보면 바로 알 수 있는 것이
충분히 상식적이고, 예상을 크게 벗어나지 않으며,
바로 이 때문에 '직관적 직관적 하는구나'라고 짐작할 수 있습니다.

우리는 이렇게 영어의 '의문문, 명령문, 조건문 등'이
Python으로 '변신'하는 과정을 추적할 수 있었고,
Python 코딩의 핵심적인 일단을 확인할 수 있었습니다.

그리고 아울러 이 순간 우리는 부지불식간에
Python에서 가장 기본이 되는 어법 4가지,
Operator [오퍼레이터 : 연산자],
Function [펑션 : 기능/함수], **Method** [메써드 : 방법],
Statement [스테이트먼트 : 구문]를 제대로 맛봤습니다.

● EASY
Learn How to Code Step by Step!

● SMART
Learn Python with the Compact Guide!

● QUICK
Learn Python in Short Way Ever!

3. 이 책의 전체적인 구성과 효과적인 학습법!

Python은 본질이 '언어'입니다.
세상의 모든 언어는 기본적으로 '문자/구문/문장'의 요소로 이루어집니다.
그래서 우리는 **Python**의 '단어/숙어/구문'을 익혀
Python으로 '길게 이야기할 수 있는 단계'로 갈 것입니다.
우리가 만든 **Python** 프로그램이 작동하는 그 순간까지 말입니다!

다음은 이 책의 전체 **Section [섹션]** 구성입니다.

Intro
Warming Up Section
Section 1
Section 2
Build Up Section
Outro

Intro [인트로]에서는 **Python**에 대한 이모저모를 살펴보고,
Warming Up Section [워밍업 섹션]에서는 코딩을 전혀 몰라도
지금 당장 **Python**으로 할 수 있는 것을 시도해 봅니다.

● **EASY**
Learn How to Code Step by Step!

● **SMART**
Learn Python with the Compact Guide!

● **QUICK**
Learn Python in Short Way Ever!

Section 1에서는 **Python**의 '단어/숙어'를 다루는
5가지 **Data Type** [데이터 타입 : 자료형태]을 배웁니다.

Section 2에서는 **Python**의 '구문'에 해당하는
3가지 **Statement** [스테이트먼트 : 구문]와
Operator [오퍼레이터 : 연산자]를 만납니다.

Build Up Section [빌드업 섹션]에서는
지금까지 배운 내용을
활용할 수 있도록 강화하는 단계입니다.

Outro [아웃트로]에서는 우리가 여기서 함께 배운 코드만으로
만들 수 있는 '나의 미니 소프트웨어 18'을
직접 완성해 볼 것입니다.

그리고 모든 **Section**의 **Chapter** [챕터 : 장]는
각각 5회의 **Coding Drill** [코딩 드릴 : 코딩훈련]로 마무리 될 것입니다.
'**Coding Drill** : 코딩훈련'은 **Python**의 이해를 탄탄하게 다지고,
응용력을 확장하는 코너입니다.

앞으로 우리는 **300**여 회 이상의 '코딩훈련'을 통해
Python 코딩에 대한 구체적인 '감'을 잡고,
실질적인 코딩 '능력'을 배양하게 될 것입니다.
(이 책에는 총 **600**여 개의 **Python** 학습 코드가 준비되어 있습니다.)

● EASY
Learn How to Code Step by Step!

● SMART
Learn Python with the Compact Guide!

● QUICK
Learn Python in Short Way Ever!

4. Python을 설치하는 방법들!

● Python을 설치하지 않고 바로 사용하는 방법 (무설치) :

Python을 우리의 **PC**에 별도로 설치하지 않고 곧바로 사용할 수 있는
획기적인 방법이 있습니다. 바로 **Repl.it**입니다.
(**Repl**은 **Read Eval Print Loop**라는 뜻으로 '대화식 컴퓨터 프로그래밍 개발환경'을
의미합니다.) **Repl.it**은 2017년 세계적으로 가장 핫한 스타트업 중의 하나로 주목
받았으며, 개발자 4명이 시작하였지만 불과 1년여 만에 전 세계 100만 명 이상의
사용자를 보유한 '극강의 스타트업'입니다. **Repl.it**은 **Python** 뿐만 아니라
주요 프로그래밍 언어 대부분을 무설치로 당장 사용할 수 있는 '갓 사이트'입니다.

사용방법은 간단합니다. **https://repl.it/** 사이트로 이동하여, ❶ 동그라미로 표시된
창에 '**Python3**'라고 입력하면 우측처럼 **Sign up** 팝업이 뜹니다.
❷ **Sign up**은 구글 이메일 아이디로 간편하게 할 수 있습니다.
Sign up을 하면 **1GB**의 무료 스토리지를 사용할 수 있으며 이는 우리가 **Python**을
학습하면서 파일을 저장하고 간단한 프로그램을 만들어 돌리는데 충분한 공간입니다.

● EASY
Learn How to Code Step by Step!

● SMART
Learn Python with the Compact Guide!

● QUICK
Learn Python in Short Way Ever!

그러면 이제 우리가 곧바로 사용할 수 있는 다음과 같은 모습의 페이지가 보입니다.

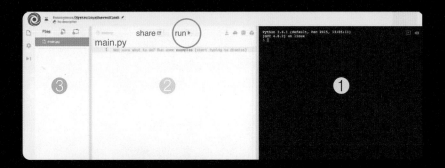

❶ cmd
❶번 영역은 **cmd** 창으로 검정색 바탕의 '도스 명령 프롬프트'입니다.
Python Shell [쉘]이라고 하고, **Python**이 실제로 구동되는 곳입니다.
Python은 코드 한 줄을 넣고 엔터하면 다음 줄에 바로 결과가 나옵니다.
줄 단위로 바로 해석하고 명령이 실행되기 때문에 **Python**을
Interpreter [인터프리터 : 해석기] 언어라고 합니다.

❷ Editor
❷번 영역은 **Editor [에디터 : 편집기]** 창입니다.
cmd 창에서는 코드를 한 줄씩 입력하고 엔터를 하면 실행이 되지만,
editor 창에서는 코드를 모두 입력하고 상단의 **run** 버튼을 누르면
cmd 창에 결과가 나옵니다. **Editor**를 사용하면 마치 '맞춤법 검사기'처럼
우리가 잘못 입력한 줄에 대해 빨간색 X 표시로 미리 알려줄 뿐만 아니라,
부분적으로 '자동완성' 기능을 제공하고 있어서 효율적으로 코딩할 수 있습니다.

❸ Files
❸번 영역은 **Files [파일스 : 파일들]** 창입니다.
우리가 작업한 내용을 저장하거나 불러오거나 또는 폴더로 관리할 수 있는 곳입니다.
현재 보이는 창의 환경을 설정할 수도 있습니다. (예 : 글자 크기 조절 등)

● EASY
Learn How to Code Step by Step!

● SMART
Learn Python with the Compact Guide!

● QUICK
Learn Python in Short Way Ever!

이상의 페이지는 다음의 **URL**로 직접 이동할 수도 있습니다.

http://repl.it/languages/Python3

그러면 이번에는 실제로 입력 테스트를 해보겠습니다.
❷번 **Editor** [에디터 : 편집기] 창에 한 줄은 print **('Python')**,
다음 줄은 print **('Hello')**라고 입력하고 바로 위의 **run** 버튼을 클릭해 봅시다!
그리고 ❶번 **cmd** 창에 어떤 결과가 나오는지 확인해 봅시다.
(**print ( )**는 '괄호 안의 것을 프린트해라!'라는 명령입니다.)

같은 방식으로 ❶번 **cmd** 창에도 입력해 봅시다!
(**cmd** 창에서는 한 줄씩 결과가 나온다는 것을 알 수 있습니다.)

앞으로 본 교재에서 소개하는 예제는 ❶번 **cmd** 창의 형태입니다.
❷번 **Editor** 창처럼 일련 번호로 행이 표시되는 것이 아니라,
노란 동그라미에서처럼 **Prompt** [프롬프트]라고 부르는 〉 **Angle Bracket**
[앵글 브래킷 : 꺾쇠표]이 표시된 형태입니다. **Angle Bracket** 옆에는 커서가 있습니다.

원래 도스 환경의 **cmd** 창에서는 〉〉〉 **Triple Angle Bracket**
[트리플 앵글 브래킷 : 3중 꺾쇠표]으로 표시됩니다만,
Repl.it에서는 간략하게 표시하고 있습니다.

● EASY
Learn How to Code Step by Step!

● SMART
Learn Python with the Compact Guide!

● QUICK
Learn Python in Short Way Ever!

그리고 여기서 잠깐, 우리가 **Repl.it**으로 **Python**을 시작함에 있어
Repl.it 본사에서 '국가대표 파이썬 첫걸음' 독자 여러분께
직접 보내온 응원의 메시지를 소개합니다.

 대한민국의 독자 여러분,

축하드립니다.
– 이 글을 보고 계시다면, 컴퓨터 프로그램 학습의 첫 걸음을 내딛었음을 의미합니다.
여러분은 기술을 새로운 차원으로 끌어올릴 다음 세대의 프로그래머를 대표합니다.
– 그리고 이 점에서 미리 감사드립니다.

프로그래밍은 놀라운 것입니다.
– 이것은 아무 것도 없이 오로지 여러분의 마음가짐과 창의적인 기량만으로 시작이
가능하고 진정으로 훌륭하고 독특한 것을 창조할 수 있습니다. 이것은 창조 행위이자,
협동이자, 도전의 시작입니다. 단순히 새로운 프로그래밍 언어를 배우는 것이
아닙니다. 새로운 사고 방식을 배우는 것입니다. 데이터를 구조화하고, 처리하고,
제시하는 새로운 방법입니다. 세상에 영향을 미치는 새로운 방법입니다.
저희 **Repl.it**은 여러분의 첫 프로그래밍부터 첫 프로덕션 앱까지 프로그래밍
과정에서 여러분의 IDE로 선택되기를 희망합니다. 저희는 여러분이 로컬 개발 환경을
구축함에 있어서 어려움이 없기를 바라며 여러분과 함께 여러분이 코드를 작성할
IDE (integrated development environment)가 발전해나가길 바랍니다.

Repl.it에서 여러분은 코드 몇 줄을 시험해보는 간단한 작업부터 **Repl.it**에 의해
호스팅되고 세계에 공유되는 온전한 프로덕션 앱 제작까지 해볼 수 있습니다.
저희는 학습자나 전문가 모두를 위한 커뮤니티를 제공하고 사용자가 원하는 것을
구축합니다. **Repl.it**을 사용함으로써 여러분은 우리 커뮤니티의 일원이 됩니다.

오늘부터 시작되는 여러분의 모험에 행운을 기원합니다.
– **Repl.it**에서 여러분을 만나고 싶습니다.

진심을 담아 **Repl.it** 팀으로부터.

AMJAD   HAYA   MASON   FARIS   TIM

● **EASY**
Learn How to Code Step by Step!

● **SMART**
Learn Python with the Compact Guide!

● **QUICK**
Learn Python in Short Way Ever!

● **Python**을 **PC**에 직접 설치하는 방법 :

다음은 **Python**을 우리의 **PC**에 직접 설치하는 방법입니다.
www.python.org/downloads 사이트로 가서
내 **PC**의 종류와 성능에 따라 **Windows**용 또는 **Mac OS**용으로
Python 버전 **3**을 다운로드하면 됩니다.
(*2018년 7월 현재 **Python 3.6.5** 버전 무료 배포 중)

자신의 **PC OS**에 따라 여러 가지 선택이 가능합니다만,
Windows 사용자는 **Download Windows x86-64 web-based installer**를,
Mac OS 사용자는 **Download macOS 64-bit/32-bit installer**를
클릭하면 됩니다. 그러면 다운로드와 함께 **Python**의 설치가 진행됩니다.
설치는 그냥 '**next**'만 계속 클릭하면 됩니다.
모든 옵션을 체크하면 그대로 설치 완료됩니다.

이제 이렇게 설치된 **Python**을 실행하려면
Windows PC에서는 검색에서 **cmd**를 찾아 '명령 프롬프트'라는 것을 실행하면 되고,
Mac OS PC에서는 **terminal**이라고 입력하면, 우리가 앞에서 본 **Repl.it**의
❶번 영역에 해당하는 검은 색 바탕의 **cmd** 창이 뜹니다.
여기에 '**python**'이라고 입력하고 엔터를 누르면 바로 **Python**을 사용할 수 있습니다.

● **EASY**
Learn How to Code Step by Step!

● **SMART**
Learn Python with the Compact Guide!

● **QUICK**
Learn Python in Short Way Ever!

● **Editor**를 **PC**에 직접 설치하는 방법 :

우리가 문서를 작성할 때 '메모장'에 간단하게 할 수도 있지만
'한글'이나 'MS 워드'와 같은 **Text Editor [텍스트 에디터 : 문서 편집기]**를
사용하는 이유는 문서의 편집이 용이하고, 맞춤법 검사나 찾아 바꾸기 등의
문서 편집에 보다 더 특화된 프로그램을 사용하기 위해서입니다.
이처럼 **Python** 코딩을 위해서도 **Python** 전용 **Editor**의 활용이 필수적입니다.
여러 가지 **Python Editor**들이 있으니 자신에게 맞는 **Editor**를 선택 설치하여,
사용하시면 됩니다. 대표적으로 **www.jetbrains.com/pycharm/** 사이트에서
PyCharm이라는 **Editor**를 무료로 다운로드 설치할 수 있습니다.

● **Anaconda**를 다운로드하는 방법 :

Anaconda는 **Python**의 배포판으로 400여 개의 **Python** 패키지를 포함하고
있습니다. 설치하는 방법은 **www.anaconda.com/download** 사이트로
이동하여, 나의 **PC**의 종류와 성능에 따라 **Windows**용 또는 **Mac OS**용으로
Python 버전 **3**을 다운로드할 수 있고, 설치를 진행할 수 있습니다.

Python과 **Anaconda** 각각을 우리의 **PC**에 직접 설치할 수도 있지만,
일단은 무설치의 **Repl.it**으로 학습을 바로 진행하시길 추천합니다.

아울러 이 책에서 학습하게 될 코드는 모두 정리하여
www.webhard.co.kr에 업로드하여 여러분이 편하게 사용할 수 있도록
준비해 두었습니다. (아이디 : **codingcollege**, 비밀번호 : **9999**)

● EASY
Learn How to Code Step by Step!

● SMART
Learn Python with the Compact Guide!

● QUICK
Learn Python in Short Way Ever!

Contents

Intro

Warming Up Section

Tutorial Page

● EASY
Learn How to Code Step by Step!

● SMART
Learn Python with the Compact Guide!

● QUICK
Learn Python in Short Way Ever!

Section 1

Data Type 1.

Data Type 2.

● EASY
Learn how to Code Step by Step!

● SMART
Learn Python with the Compact Guide!

● QUICK
Learn Python in Short Way Ever!

● EASY
Learn How to Code Step by Step!

● SMART
Learn Python with the Compact Guide!

● QUICK
Learn Python in Short Way Ever!

Contents

Section 2

1. Operators

2. Statements

● EASY
Learn How to Code Step by Step!

● SMART
Learn Python with the Compact Guide!

● QUICK
Learn Python in Short Way Ever!

Build Up Section

Outro
My Mini Software 18

● EASY
Learn How to Code Step by Step!

● SMART
Learn Python with the Compact Guide!

● QUICK
Learn Python in Short Way Ever!

아! 잠깐만yo!
think like programer

We can learn complete primary skills of Python fast and fun.

1 Intro

Python Tutorial for Absolute Beginners

Intro

Intro에서는 **Python**의 '탄생'과 '매력'을 소개합니다.
아울러 우리가 **Python**을 선택해야 할 '이유'도 만납니다.
자! 그러면 **Python**의 '아버지',
Guido van Rossum [귀도 판 로썸] 님을 소개합니다!

● EASY
Learn How to Code Step by Step!

● SMART
Learn Python with the Compact Guide!

● QUICK
Learn Python in Short Way Ever!

Python, Who?
'파이썬, 누가요?'

Hallo!
Mijn naam is Guido van Rossum.
Ik kom uit Haarlem, Netherlands.

안녕하세요!
내 이름은 거도 판 로썸입니다.
나는 네덜란드 하르렘 출신입니다.

1991
PYTHON

나는 프로그래밍 언어 **Python** [파이썬]을 만들었습니다. (1991)
(1989년 12월 크리스마스 때 쉬면서
프로그래밍 언어를 개발하기 시작했습니다.
이것이 **Python**의 시초입니다.)

● EASY
Learn How to Code Step by Step!

● SMART
Learn Python with the Compact Guide!

● QUICK
Learn Python in Short Way Ever!

Python이라는 이름은 내가 즐겨 보던
영국 **BBC**의 시트콤 '몬티 파이썬의 비행 서커스'에서 따온 것입니다.
Python은 '비단구렁이'라는 뜻입니다.
그래서 **Python**의 아이콘이 구렁이의 형상인 것이죠.
Guido van Rossum is a big fan of 'Monty Python's Flying Circus'.

나는 **Google**에서 일했습니다.
여기에서 많은 시간 동안 **Python**을
발전시켰습니다. (2005~2012)
Google을 거쳐 현재는 **Dropbox**에서
근무하고 있습니다. (2013~2018)

🔵 EASY
Learn How to Code Step by Step!

🔵 SMART
Learn Python with the Compact Guide!

🔵 QUICK
Learn Python in Short Way Ever!

Python,Why?
'왜, 파이썬이죠?'

Python [파이썬]은 압도적으로 쉬운 프로그래밍 언어입니다.
Python은 코드만 읽어도 직관적으로 이해가 되는
정말 배우기 쉬운 프로그래밍 언어입니다.

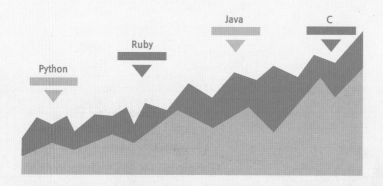

난이도 1
Python (1991)

난이도 2
Ruby (1995)

난이도 3
Java (1995)

난이도 3
C (1972)

Ruby
A Programmer's Best Friend

THE PROGRAMMING
LANGUAGE C

Python이 각광 받는 이유 중 하나는
처음 프로그래밍 언어를 배우는 초보자에게
진입 장벽이 낮고 상대적으로 중도 포기율이 낮다는 것입니다.
바꾸어 말하면 여타의 다른 언어들은 그만큼 배우기 어렵고,
혼자서 공부해 나가기가 쉽지 않다는 것입니다.

● EASY
Learn How to Code Step by Step!   ● SMART
Learn Python with the Compact Guide!   ● QUICK
Learn Python in Short Way Ever!

Python이 궁극의 목표가 아니더라도 **Python**을 먼저 배우고
다른 언어로 넘어가는 것이 훨씬 쉽고 빠를 수 있습니다.
그러니까 **Java Script** [자바 스크립트]가 필요해도
Python부터 배우고 가는 것이 전체 학습 시간을 줄일 수 있다는 사실입니다.
그래서 **Python**을 **Beginner Friendly Language**
(초보자 친화적인 언어)라고 부릅니다.

현재 가장 주목받고 있는 프로그래밍 언어는 단연 **Python**입니다.
신생 언어에 속하지만 짧은 시간 동안에 엄청난 발전과 영향력으로
프로그래밍 언어세계의 '신흥강자'로서의 입지를 확실히 다졌습니다.
(**Python**은 **Google**의 공식 프로그래밍 언어 중 하나이며,
'인공지능/빅데이터/딥러닝/머신러닝 분야에서
주도적인 역할을 하고 있는 프로그래밍 언어입니다.)

GINNER
ENDLY
NGUAGE

✚ STAZIONE DI
INFOGRAFICA
There's nothing wrong with being different!

Python Tutorial for Absolute Beginners   ■ ▶ Computer Programing for Beginners :
The Very Basics of Python   29 ■ ▶

● EASY
Learn How to Code Step by Step!

● SMART
Learn Python with the Compact Guide!

● QUICK
Learn Python in Short Way Ever!

Python, So What?
'파이썬, 그래서요?'

세상의 모든 프로그래밍 언어의 '선호도'를 파악할 수 있는
검색사이트 **Stack Overflow**에 따르면
Python이 그간의 쟁쟁한 언어들을 재치고,
Java Script, **Java**, **C#**을 넘어서는 강력한 언어가 되었습니다.

YouTube, **Instagram**, **Dropbox**, **Evernote** 등과
같은 웹 프로그램들이 모두 **Python**으로 개발되었으며,
Instagram과 같은 **SNS**나 모든 **GUI** (그래픽 사용자 인터페이스) 개발,
또는 **Evernote**와 같은 문서편집 프로그램을 개발하려면
Python을 배우는 것이 가장 좋습니다.

| YouTube | Instagram | Dropbox | Evernote |

● EASY
Learn How to Code Step by Step!

● SMART
Learn Python with the Compact Guide!

● QUICK
Learn Python in Short Way Ever!

Python 개발자들을 채용하는 대표적인 기업들로는
'구글, 애플, 인텔, 델, 아마존' 등 상당히 많습니다.
(Python이 얼마나 우수한지를 말해주는 반증이기도 합니다.)
소위 젤 잘 나가는 회사들, 거의 모두에서
Python 개발자를 원하고 있습니다!

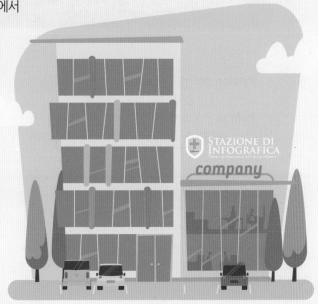

Python 개발자의 평균 연봉은
$107,000로 개발자 연봉 상위에 랭크되어 있습니다. (in USA 2017)
(Python 개발자는 이 정도로 대우받고 있고,
Python은 확실하게 인정받고 있는 프로그래밍 언어라는 것이죠.)

🔵 EASY
Learn How to Code Step by Step!

🔴 SMART
Learn Python with the Compact Guide!

🔵 QUICK
Learn Python in Short Way Ever!

Python = Language
'파이썬은 외국어다!'

Python [파이썬]은 '프로그래밍 언어'입니다.
그러니까 일종의 '언어'라는 것이죠.
Python은 알파벳을 사용하는 언어이니까,
우리에게 **Python**은 영어처럼 '외국어'입니다.

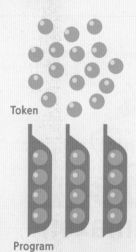

Token

Program

언어는 기본적으로 '문자와 숫자
그리고 문장부호'로 이루어져 있습니다.
그리고 단어가 모여서 문장이 되고,
문장이 모여서 언어가 됩니다.
Python 역시 마찬가지입니다.

'단어'에 해당하는 것을 **Python**에서는
Token [토큰]이라고 합니다.
Token은 **Python**을 구성하는 최소의 단위입니다.

모든 프로그래밍 언어는 마치 과일처럼,
중심에 단단한 씨가 있고
그 둘레에 부드러운 과육이 있습니다.
'단단한 부분'은 이미 정해진 부분이고,
'부드러운 부분'은 키워 나가는 부분입니다.

● EASY
Learn How to Code Step by Step!

● SMART
Learn Python with the Compact Guide!

● QUICK
Learn Python in Short Way Ever!

우리가 만나게 될 **Python**을 예로 들면,
단단한 부분은 '산술기호/문장부호/띄어쓰기/명령어'처럼
이미 정해진 규칙이고,
부드러운 부분은 '알파벳과 숫자'처럼
우리가 살을 붙여 나가는 부분입니다.

단단한 부분 :

Indentation   [인덴테이션 : 들여 쓰기],

Dedentation   [디덴테이션 : 내어 쓰기],

Keyword   [키워드 : 명령어],

Operator   [오퍼레이터 : 연산기호],

Delimiter   [델리미터 : 구분기호] 등등

부드러운 부분 :

Character   [캐릭터 : 문자],

Number   [넘버 : 숫자],

Identifier   [아이덴티파이어 : 식별자] 등등

이들 각각 **Token**의 역할과 사용법을 배워 나가는 것이
Python '학습의 핵심'입니다.

● EASY
Learn How to Code Step by Step!

● SMART
Learn Python with the Compact Guide!

● QUICK
Learn Python in Short Way Ever!

Python, Which?
'파이썬, 어떤 거요?'

나는 '읽기 쉽고, 최대한 간편하게 쓸 수 있게 만들자!'라는
의지로 **Python**을 개발했습니다.

Python이 다른 프로그래밍 언어와
비교하여 특별히 쉬운 이유는
명령 수행에 필요한 복잡한 기호나 절차를
획기적으로 간소화하였기 때문이기도 합니다.

아울러 **Python**은
누구나 부담 없이 사용할 수 있도록
무료로 배포하고 있습니다.
(**https://www.python.org**)

1991년 처음 **Python**을 개발한 이래
현재까지 '**2.x**' 계열과 '**3.x**' 계열로 나뉘어,
두 개의 버전으로 함께 업그레이드 발전되어 가고 있습니다.

점차 **Python 3.x** 버전의 사용자가 늘어나는 추세이며,
그래서 우리는 **Python 3.x** 버전을 기준으로 공부할 것입니다!

PYTHON 3.x

✚ STAZIONE DI
INFOGRAFICA

● EASY
Learn How to Code Step by Step!

● SMART
Learn Python with the Compact Guide!

● QUICK
Learn Python in Short Way Ever!

Python & We
'파이썬을 대하는 우리의 자세!'

우리가 **Python**으로 **Code [코드]**를
만드는 행위를 **Coding [코딩]**이라고 하고,
Code들이 논리적으로 완결되면
그것이 **Program [프로그램]**이 됩니다.

Python에게 묻고 답을 구하고 청하는 것이 **Coding**이고,
우리와 **Python**과의 이어지는 대화들이 **Program**이 됩니다.

Python을 '외국인 채팅 친구'라고
생각하고 대화를 이어가고,
Python이라는 상대를 이해하는
시간과 노력이 필요합니다.

우리의 생각을 **Python**은
어떤 방식으로 표현하는지,
우리의 언어와 **Python**이라는 언어는
표현방법이 어떻게 다른지 알아가는 과정이
우리들의 **Python** 공부시간입니다.

Python을 이해하고
소통이 가능해졌다는 것은
컴퓨터에게 우리가 원하는 바를
온전하게 지시할 수 있고,
우리의 생각을 구현할 수 있게 된다는 뜻입니다.

● EASY
Learn How to Code Step by Step!
● SMART
Learn Python with the Compact Guide!
QUICK
Learn Python in Short Way Ever!

● The Ultimate Beginners' Guide for Coding with Python

아! 잠깐만yo!
think like programer

Programing Language란?

Computer [컴퓨터]는 스스로 움직이지 않습니다.
Computer는 **User** [유저 : 사용자]로부터
각각의 **Instruction** [인스트럭션 : 지시/명령]을 받아야 합니다.

이러한 **Instructions** [인스트럭션스 : 지시/명령들]를
논리적으로 묶어 놓은 것이 **Program** [프로그램]입니다.

Program을 만드는 것을
Programing [프로그래밍]이라고 하고,
Programing을 하는 사람을
Programer [프로그래머 : 개발자]라고 합니다.

Programing은 **Computer**가
이해할 수 있는 언어로 해야하며,
이를 **Programing Language**
[프로그래밍 랭귀지 : 프로그래밍 언어]라고 합니다.

Python은 앞으로 우리가 배울
세상에서 가장 멋진 **Programing Language**입니다.

Program

Programing

Programing Language

● We can learn complete primary skills of Python fast and fun.

Warming Up Section

Learn Python well and fast with the compact beginners' guide on Python programing.

Python Tutorial for Absolute Beginners

Warming Up Section

Warming Up Section에서는
프로그래밍에 대해 아무것도 몰라도
Python으로 당장 할 수 있는 코딩을 소개합니다.
정말 1도 몰라도 시작할 수 있는
Python 코딩, 지금 바로 시작하겠습니다!

Warming Up Section

Programing [프로그래밍]에 대해 아무것도 몰라도
Python [파이썬]으로 당장 할 수 있는 것들이 있습니다.
일단 시작해봅시다!

Python을 켜면 우리가 제일 처음 만나는 것은
Prompt [프롬프트]라고 부르는
>>> Triple Angle Bracket [트리플 앵글 브래킷 : 3중 꺾쇠표]입니다.
이 **Prompt**는 **Python**이 '주인님, 무엇을 도와드릴까요?'라며,
우리의 명령을 기다리고 있다는 표시입니다.
컴퓨터가 사용자에게 보내는 메시지인 것이죠.

Prompt의 옆에 숫자 **1**을 넣고 키보드에서
Enter [엔터] (Mac OS는 **Return [리턴]**)를 누르면
아래와 같이 다음 줄에 **1**이 표시되고,
또 다음 줄에는 또 다시 **Prompt**가 표시됩니다.
이는 '당신이 **1**을 표시하라고 해서 **1**을 표시했습니다.
다음은 또 무엇을 할까요?'라는 대화가 진행된 것입니다.

```
>>> 1
1
>>>
```

이렇게 우리가 요구하고 컴퓨터가 반응하는 것을
Programing에서는 **Input [인풋 : 입력]**과
Output [아웃풋 : 출력]이라고 합니다.

● We can learn complete primary skills of Python fast and fun.

● Python Tutorial for Absolute Beginners

워밍업 섹션

: 워밍업 섹션은 Python을 몰라도 지금 당장 할 수 있는 코딩입니다!

Python에는 기본적으로 계산기능이 탑재되어 있습니다.
그래서 전자계산기처럼 사용할 수도 있습니다.
수학에서 계산할 때 사용했던 기호들을
Python에서는 다음과 같이 표시합니다.

● Arithmetic Operators in Python

수식	이름	의미
A + B	Addition	[어디션 : 덧셈]
A - B	Subtraction	[섭트렉션 : 뺄셈]
A * B	Multiplication	[멀티플리케이션 : 곱셈]
A / B	Division	[디비전 : 나눗셈]
A // B	Floor Division	[플로어 디비전 : 버림 나눗셈]
A % B	Remainder	[리마인더 : 나머지]
A ** B	Exponentiation	[엑스포넨시에이션 : 지수승]

기호	이름	의미
+	Plus	[플러스 : 더하기]는 덧셈,
-	Minus	[마이너스 : 빼기]는 뺄셈,
*	Asterisk	[애스터리스크 : 곱하기]는 곱셈,
/	Forward Slash	[포워드슬래시 : 나누기]는 몫을 구할 때,
//	Two Forward Slash	[투 포워드슬래시 : 나누기]는 나머지 값의 소수점 이하는 삭제 처리할 때,
%	Per Cent	[퍼센트 : 나머지]는 나눈 값의 나머지를 구할 때,
**	Exponentiation	[엑스포넨시에이션 : 지수승]은 지수만큼 곱할 때 사용합니다.

● The Honey Tips for Coding and Computational Thinking

● The Very Basics of Python

● Read a chapter, then do interactive exercises to make your Python knowledge stick.

● The Ultimate Beginners' Guide for Coding with Python

Warming Up Section

+, -, *, /, //, %, ** 등 7가지의 기호들은
Arithmetic Operator [어리스메틱 오퍼레이터 : 산술 연산자]
또는 간단하게 **Operator** [오퍼레이터 : 연산자/연산 기호]라고 부릅니다.

실제로 확인해 보겠습니다.
1 + 2를 입력하고 **Enter**를 누르면 됩니다.
우리가 수학에서 사용하는 **= Equals Sign** [이퀄스 싸인 : 등호]은 사용할 필요 없으며,
Python에서 **=**은 다른 의미로 사용합니다. (추후 다시 설명드립니다.)

```
>>> 1 + 2
3
```

```
>>> 4 / 4
1.0
```

```
>>> 2 * 2
4
```

```
>>> 3 % 2
1
```

Python으로 **Coding** [코딩]을 할 때,
띄어쓰기는 해도 되고 하지 않아도 됩니다.
그렇지만 '가독성'과 이후 '수정' 등이 쉽도록
띄어 쓰는 습관을 가지는 것이 좋습니다.
그래서 우리는 앞으로 열심히 띄어쓰기를 할 것이고요!

워밍업 섹션

: 워밍업 섹션은 Python을 몰라도 지금 당장 할 수 있는 코딩입니다!

 Coding Drill (코딩훈련 1.)

Python [파이썬]으로 뺄셈을 해봅시다!
5 - [마이너스] **2**를 입력하고 **Enter** 합시다!

```
>>> 5 - 2
3
```

 Coding Drill (코딩훈련 2.)

Python으로 곱셈을 해봅시다!
3 ✳ [애스터리스크] **3**을 입력하고 **Enter** 합시다!

```
>>> 3 * 3
9
```

 Coding Drill (코딩훈련 3.)

Python으로 나눗셈을 해봅시다!
4 / [포워드슬래시] **2**를 입력하고 **Enter** 합시다!

● Read a chapter, then do interactive exercises to make your Python knowledge stick.

● The Ultimate Beginners' Guide for Coding with Python

Warming Up Section

```
>>> 4 / 2
2.0
```

 Coding Drill (코딩훈련 4.)

Python으로 나머지를 구해봅시다!
4 % [퍼센트] **3**을 입력하고 **Enter** 합시다!

```
>>> 4 % 3
1
```

 Coding Drill (코딩훈련 5.)

Python으로 소수점 이하를 생략한 몫을 구해봅시다!
5 // [투 포워드슬래시] **2**를 입력하고 **Enter** 합시다!

```
>>> 5 // 2
2
```

● EASY
Learn How to Code Step by Step!

● SMART
Learn Python with the Compact Guide!

QUICK
Learn Python in Short Way Ever!

● The Ultimate Beginners' Guide for Coding with Python

아! 잠깐만yo!
think like programer

Data란?

우리가 입력하고 출력하는 모든 것이
Data [데이터 : 데이터/자료]입니다.
우리가 다루는 모든 것이 **Data**인 것이며,
우리는 **Data**를 가지고 더욱 유용한
Data를 만들어내고 있는 것입니다.

Data는 **Number** [넘버 : 숫자]나
String [스트링 : 문자열, 문자들이 열을 지어 있는 것] 등
여러 형태가 될 수 있습니다.

이렇게 **Data**의 여러 가지 형태,
즉 다양한 **Data Types**
[데이터 타입스 : 자료형태들]를 배우는 것이
Python 학습의 기초 단계이며,
우리의 첫 번째 학습 목표입니다.

● The Honey Tips for Coding and Computational Thinking

● The Very Basics Of Python

We can learn complete primary skills of Python fast and fun.

session 1.

Section 1

Section 1에서 우리는 **Python**의
핵심 **Data Type** [데이터 타입 : 자료형태] 5가지를 만납니다.
Python으로 '밥을 짓는다면' **Data**는 '쌀'에 해당합니다.
Section 1에서 우리는 '5곡밥'을 지을 것이며,
5가지 **Data Type**을 입맛대로 조리하게 될 것입니다.

Data Type 1.은 **Number** [넘버 : 숫자]입니다.
숫자를 다룹니다. 산술, 사칙연산 등이 가능합니다.
(예) **1234, 3.14, -8**

Data Type 2.는 **String** [스트링 : 문자열]입니다.
문자를 다룹니다. **String**은 따옴표 안에 표시합니다.
(예) **'hi', ''hello'', '''Python'''**

Data Type 3.는 **List** [리스트 : 목록]입니다.
순서대로 정리하는 **List** 형태의 자료입니다.
(예) **[1, 2, 3, 4], ['a', 'b', 'c', 'd']**

Data Type 4.는 **Tuple** [튜플/터플]입니다.
List와 유사하지만, 교체나 추가를 할 수 없는 고정된 형태입니다.
(예) **(10, 20, 30), ('Tom', 'Anna', 'Joy')**

Data Type 5.는 **Dictionary** [딕셔너리 : 사전]입니다.
사전처럼 '단어 : 의미'의 형식으로 정리된 자료입니다.
'키 : 값'으로 정의하며, 콜른(:)으로 구분하여 정리합니다.
(예) **{'a' : 1, 'b' : 2}**

● Read a chapter, then do interactive exercises to make your Python knowledge stick.

● The Ultimate Beginners' Guide for Coding with Python
Data Type 1.
Number 1-1 : Integer & Float

Data Type 1.
Number 1-1 : Integer & Float
: '넘버'의 종류

'숫자'로 된 **Data**를 다루는 여러 가지 방법을
배우는 것이 이번 섹션 우리들의 목표입니다.

우리들의 첫 번째 **Data Type** [데이터 타입 : 자료형태]은
Number [넘버 : 숫자]입니다.
Number에는 **Integer** [인티저 : 정수]와
Float [플로우트 : 실수, 소수점으로 표시되는 수를 포함한 수]가 있습니다.

Integer	0, 1, 253, -1
Float	0.01, 3.14

그럼 먼저 간단하게 **Number**의 **Data Type**을 확인해 보겠습니다.
Data Type을 확인하는 방법은 간단합니다. 확인하고 싶은 내용을
type ( )의 괄호 안에 **Integer** 또는 **Float** 중에 임의의 숫자를 넣고,
Enter 하면 됩니다.

데이터 타입 1. 넘버 1-1

: **Number**에는 **Integer**와 **Float**가 있습니다.

1-1

D1-1-1

```
>>> type (0)
<class 'int'>
```

그러면 **<class 'int'>**라고 출력됩니다.
class [클래스 : 분류/종류]가 **int** 즉, **Integer** [인티저 : 정수]라고 알려줍니다.
그러니까 **type (0)**은 '**0**의 **Type**을 알려줘!'라는 뜻이고,
이에 대해 **Python**은 '종류가 **int**입니다.'라고 대답한 것입니다.

D1-1-2

```
>>> type (3.14)
<class 'float'>
```

type (3.14)라고 입력하면,
Python은 '**3.14**는 종류가 **float**'라고 대답합니다.
int에서 보듯이 영어의 음절이 길면
용어가 축약된다는 것을 알 수 있습니다.
(바로 이렇게 **Python**을 '나의 대화상대'라고 생각하고,
주고받는 말들을 찬찬히 분석적으로 살펴보면,
프로그래밍 언어에 대한 보다 근본적인 이해가 가능해집니다.
우리가 **Python**을 대할 때 필요한 기본적인 태도인 것이죠!)

Number의 **Type**을 변환할 수 있습니다.
int ( ), float ( ), round ( ) 등의 **Function** [펑션 : 기능/함수]이 그것입니다.
각각의 괄호 안에 숫자를 넣으면 속성을 바꿀 수 있습니다.

● **The Honey Tips** for **Coding** and **Computational Thinking**

● **The Very Basics Of Python**

● Read a chapter, then do interactive exercises to make your Python knowledge stick.

● The Ultimate Beginners' Guide for Coding with Python

Data Type 1.
Number 1-1 : Integer & Float

그러니까 **int ( )**는 괄호 안의 숫자를 **Integer** [인티저 : 정수]로,
float ( )는 괄호 안의 숫자를 **Float** [플로우트 : 실수, 소수점으로 표시되는 수를 포함한 수]로,
round ( )는 괄호 안의 숫자를 **Round** [라운드 : 어림수, 소수점 이하 숫자를 반올림한 값]로
변환합니다.

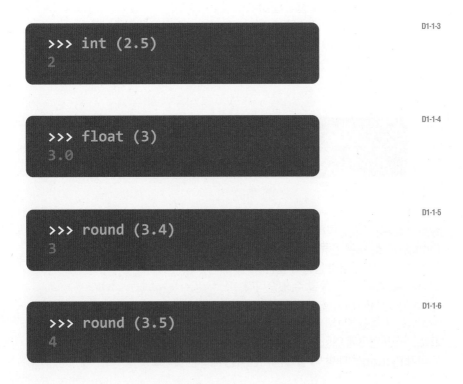

D1-1-3
```
>>> int (2.5)
2
```

D1-1-4
```
>>> float (3)
3.0
```

D1-1-5
```
>>> round (3.4)
3
```

D1-1-6
```
>>> round (3.5)
4
```

이때 괄호 안에 들어가는 요소를 **Argument** [아규멘트 : 요소/인자]라고 하는데,
Function을 사용하여 속성의 변환이 가능합니다.
그래서 **Function**은 그 자체로 작은 **Program**이라고 말할 수 있습니다.

데이터 타입 1. 넘버 1-1

: Number에는 Integer와 Float가 있습니다.

 Coding Drill (코딩훈련 1.)

Number [넘버 : 숫자]의 **Type** [타입 : 유형]을 확인해봅시다!
먼저 **type ( ) Function** [펑션 : 기능/함수]으로 **3**을 확인해봅시다!

D1-1-d1

```
>>> type (3)
<class 'int'>
```

 Coding Drill (코딩훈련 2.)

다음은 **type ( ) Function**으로 **-3**을 확인해봅시다!

D1-1-d2

```
>>> type (-3)
<class 'int'>
```

 Coding Drill (코딩훈련 3.)

다음은 **type ( ) Function**으로 소수점이 있는 **3.14**를 확인해봅시다!

● **The Honey Tips** for **Coding** and **Computational Thinking**

● **The Very Basics Of Python**

● The Ultimate Beginners' Guide for Coding with Python

Data Type 1.
Number 1-1 : Integer & Float

D1-1-d3

```
>>> type (3.14)
<class 'float'>
```

Coding Drill (코딩훈련 4.)

이번에는 **Float**를 **Integer**로 변환해봅시다!
int ( ) Function으로 **3.14**를 변환합니다.

D1-1-d4

```
>>> int (3.14)
3
```

Coding Drill (코딩훈련 5.)

같은 방식으로 **Integer**를 **Float**로 변환해봅시다!
float ( ) Function으로 **3**을 변환합니다.

D1-1-d5

```
>>> float (3)
3.0
```

● EASY
Learn How to Code Step by Step!

● SMART
Learn Python with the Compact Guide!

QUICK
Learn Python in Short Way Ever!

● The Ultimate Beginners' Guide for Coding with Python

아! 잠깐만yo!
think like programer

Python과 대화를 합시다!

Python으로 Coding [코딩]을 한다는 것은
우리가 Python과 대화를 하는 것, 그 자체입니다.
우리가 Python을 모니터에 띄우면 대화는 시작됩니다.
다음처럼 말입니다.

```
>>>
>>> type (3)
<class 'int'>
>>>
```

❶
❷
❸
❹

❶ 번의 >>> Prompt [프롬프트]는 Python이 우리에게
'무엇을 도와드릴까요?'라고 묻는 것입니다. 그래서 우리가
❷ 번처럼 type (3)이라고 입력하고 Enter 하면,
❸ 번처럼 <class 'int'> 즉 class [클래스 : 분류/종류]가
int 그러니까 Integer [인티저 : 정수]라고 알려줍니다.
그러면 대답이 완료되었기에 ❹ 번처럼 또 다시
>>> Prompt가 표시되면서 Python은 우리에게
'무엇을 도와드릴까요?'라고 묻습니다.
이렇게 우리가 Coding을 한다는 것은
Python과 묻고 답하는,
우리는 요구하고 Python은 답하는 대화를
계속적으로 이어가는 행위입니다.

CODING

The Honey Tips for Coding and Computational Thinking   ● The Very Basics Of Python

● Read a chapter, then do interactive exercises to make your Python knowledge stick.

● The Ultimate Beginners' Guide for Coding with Python
Data Type 1.
Number 1-2 : Arithmetic Operator

Data Type 1.
Number 1-2 : Arithmetic Operator

: '넘버'의 연산

Number [넘버 : 숫자]로 가장 많이 하는 작업은 계산입니다.
수식 등의 산술 작업을 할 때 사용하는 것이 바로
Arithmetic Operator [어리스메틱 오퍼레이터 : 산술 연산자]입니다.
우리가 일상적으로 사용하는 가장 대표적인 **Arithmetic Operator**는
다음과 같습니다.

● **Arithmetic Operators in Python**

기호	이름	의미
+	Plus	[플러스 : 더하기]는 덧셈,
-	Minus	[마이너스 : 빼기]는 뺄셈,
*	Asterisk	[애스터리스크 : 곱하기]는 곱셈,
/	Forward Slash	[포워드슬래시 : 나누기]는 몫을 구할 때,
//	Two Forward Slash	[투 포워드슬래시 : 나누기]는 나머지 값의 소수점 이하는 삭제 처리할 때,
%	Per Cent	[퍼센트 : 나머지]는 나눈 값의 나머지를 구할 때,
**	Exponentiation	[엑스포넨시에이션 : 지수승]은 지수만큼 곱할 때 사용합니다.

● Read a chapter, then do interactive exercises to make your Python knowledge stick.

데이터 타입 1. 넘버 1-2

: 수식이나 산술에 **Arithmetic Operator**를 사용합니다.

1-2

+, -, *, /, //, %, ** 등의 **Arithmetic Operator**는
간단하게 **Operator** [오퍼레이터 : 연산자/연산 기호]라고도 합니다.

● **Arithmetic Operators in Python**

수식	이름	의미
A + B	Addition	[어디션 : 덧셈]
A - B	Subtraction	[섭트렉션 : 뺄셈]
A * B	Multiplication	[멀티플리케이션 : 곱셈]
A / B	Division	[디비전 : 나눗셈]
A // B	Floor Division	[플로어 디비전 : 버림 나눗셈]
A % B	Remainder	[리마인더 : 나머지]
A ** B	Exponentiation	[엑스포넨시에이션 : 지수승]

A + B라는 수식에서 **+**는 **Operator** [오퍼레이터 : 연산자]라고 하고,
A나 **B**는 **Operand** [오퍼랜드 : 피연산자]라고 합니다.
('피연산자', 이 얼마나 어려운 표현입니까?
일본책에서 번역한 한자 표현의 우리말 번역이니 오죽하겠습니까?!
바로 이런 것들이 초심자들이 프로그래밍을 배우는데
어려움을 가중시키는 요소입니다.)

그러니까 우리는 그냥 **A + B**에서 **A, B**는 **Operand**라고 부릅시다!
처음부터 이렇게 공부하는 것이 이해도 쉽고, 깔끔하니까요.

The Honey Tips for Coding and Computational Thinking

The Very Basics Of Python

● The Ultimate Beginners' Guide for Coding with Python

Data Type 1.
Number 1-2 : Arithmetic Operator

기본적으로 4칙연산은 좌측에서 우측의 순서로 진행됩니다.
( ) Parentheses [퍼렌써시스 : 소괄호] 안의 내용을 가장 먼저 처리하고,
다음으로 지수승이 처리됩니다. 그리고 연산 중에서는
* (곱하기)와 **/** (나누기)를 먼저 계산하고 마지막으로 **+** (더하기), **-** (빼기)를 합니다.
그러니까 우선적으로 해야할 부분은 **( )** 처리하면 됩니다.

D1-2-1

```
>>> 4 + (2 * 3 + 1)
11
```

( ) 는 **Round Bracket [라운드 브래킷 : 소괄호]** 이라고도 하고,
Parentheses [퍼렌써시스 : 소괄호] 라고 부르기도 합니다.

( ) Parentheses 는
(Open Parentheses [오픈 퍼렌써시스 : 열린 소괄호] 와
) Close Parentheses [클로우즈 퍼렌써시스 : 닫힌 소괄호] 또는
(Left Parentheses [레프트 퍼렌써시스 : 왼쪽 소괄호] 와
) Right Parentheses [롸이트 퍼렌써시스 : 오른쪽 소괄호] 라고 부릅니다.

('띄어쓰기'는 상관없지만 가독성을 위해 띄어 쓰는 습관을 가지는 것이 좋습니다.)

데이터 타입 1. 넘버 1-2

: 수식이나 산술에 **Arithmetic Operator**를 사용합니다.

 Coding Drill (코딩훈련 1.)

Arithmetic Operator [어리스메틱 오퍼레이터 : 산술 연산자]를
사용하여 계산해봅시다! **2 + 3 - 4**를 입력합니다.

D1-2-d1

```
>>> 2 + 3 - 4
1
```

 Coding Drill (코딩훈련 2.)

( ) Parentheses [퍼렌써시스 : 소괄호]를 포함한 수식을 사용해봅시다!
2 + (4 - 3)을 입력합니다.

D1-2-d2

```
>>> 2 + (4 - 3)
3
```

 Coding Drill (코딩훈련 3.)

( ) Parentheses와 **** Exponentiation** [엑스포넨시에이션 : 지수승]을
포함한 수식을 사용해봅시다! **(1 + 1) ** 3**을 입력합니다.

● The Honey Tips for Coding and Computational Thinking

● The Very Basics Of Python

● The Ultimate Beginners' Guide for Coding with Python

Data Type 1.
Number 1-2 : Arithmetic Operator

D1-2-d3

```
>>> (1 + 1) ** 3
8
```

 Coding Drill (코딩훈련 4.)

( ) Parentheses와 **** Exponentiation**을
포함한 수식을 사용해봅시다! **(3 - 1) ** (5 - 2)**를 입력합니다.

D1-2-d4

```
>>> (3 - 1) ** (5 - 2)
8
```

 Coding Drill (코딩훈련 5.)

/ Division [디비젼 : 나눗셈]을 포함한 수식을 사용해봅시다!
2 + 6 / 2를 입력합니다.

D1-2-d5

```
>>> 2 + 6 / 2
5.0
```

● EASY
Learn How to Code Step by Step!

● SMART
Learn Python with the Compact Guide!

□ QUICK
Learn Python in Short Way Ever!

● The Ultimate Beginners' Guide for Coding with Python

아! 잠깐만yo!
think like programer

Function이란?

앞에서 배운 내용 중에서 우리가 주목할 만한 부분이 있어서
조금 더 설명드리겠습니다.
Python에는 계산을 할 수 있는 기능과
그밖에 자주 사용하는 기본적인 기능들이 이미 탑재되어 있습니다.

```
>>> type (3)
<class 'int'>
```

FUNCTION

우리가 앞에서 연습한 **>>> type (3)**에서 **type ( )**은
명령을 수행하는 형식으로
Function [펑션 : 함수/기능]이라고 하며,
Python에는 자주 사용하는 요긴한
Built-in Function [빌트-인 펑션 : 내장 함수]들이 있습니다.
('함수'라는 말이 어려우면 '기능'으로 이해하셔도 됩니다.)

type (3)에서 **type**은 **Function**의 이름이고,
( ) Round Bracket [라운드 브래킷 : 소괄호] 안의 **(3)**은
Argument [아규멘트 : 인자]라고 부릅니다.
그러니까 **Argument '3'**은 **'type'**이라는 **Function**
내부로 전달되는 값입니다. 그리고 그렇게 해서 나온 결과,
<class 'int'>는 **Return Value** [리턴 밸류 : 결과값]라고 부릅니다.

The Honey Tips for Coding and Computational Thinking ● The Very Basics Of Python

● Read a chapter, then do interactive exercises to make your Python knowledge stick.

● The Ultimate Beginners' Guide for Coding with Python

Data Type 1.
Number 1-3 : Comparison Operator

Data Type 1.
Number 1-3 : Comparison Operator

: '넘버'의 비교

다음은 **Comparison Operator** [컴패리슨 오퍼레이터 : 비교 연산자]입니다.
우리가 수학 시간에 배운 '부등호' (>, ≥, ≠ ...)를 **Python**으로 표현하는 방식입니다.
Comparison Operator는 좌우의 **Object** [업젝트 : 대상]를 비교하는 것입니다.

● **Comparison Operators in Python**

수학	Python	의미	
=	==	Equal to	같음
≠	!=	Not equal to	같지 않음
>	>	Greater than	보다 큼
<	<	Less than	보다 작음
≥	>=	Greater than or equal to	크거나 같음
≤	<=	Less than or equal to	작거나 같음

A = B	A == B	A는 B와 같음
A ≠ B	A != B	A는 B와 같지 않음
A > B	A > B	A는 B보다 큼
A < B	A < B	A는 B보다 작음
A ≥ B	A >= B	A는 B보다 크거나 같음
A ≤ B	A <= B	A는 B보다 작거나 같음

데이터 타입 1. 넘버 1-3

: Comparison Operator는 좌우의 Object를 비교합니다.

다른 것들은 모두 상식적으로 **Python** 기호를 이해할 수 있지만,
한 가지는 조금 더 생각이 필요합니다.
즉 **Python**에서는 **==**이 우리가 알고 있는 수학에서의 **= Equal** [이퀄 : 등호]입니다.
그리고 **Python**에서 **=**은 '~라고 대신하자/~라고 하자'라는 뜻입니다.
=은 **Assignment Operator** [어싸인먼트 오퍼레이터 : 지정 연산자]라고 부릅니다.
'대신하여 지정한다'는 뜻입니다.

D1-3-1

```
>>> A = 3
```

그래서 **A = 3**은 'A는 3이라고 (대신)하자'라는 뜻입니다.
자! 이제부터 **Comparison Operator**로 **Code**를 만들어보겠습니다.
2 == 2와 **2 == 3**을 각각 입력합니다! 그리고 나오는 결과에 주목합시다!

D1-3-2

```
>>> 2 == 2
True
>>> 2 == 3
False
```

그러면 결과가 각각 **True**와 **False**, '참'과 '거짓'으로 나옵니다.
이렇게 '맞았다!' 또는 '틀렸다!'라고 답하는 방식을
Boolean Expression [불리언 익스프레션 : 불의 표현식]이라고 합니다.
이는 수학자 **George Boole** [조지 불]이 만든 표현식에서 따온 이름입니다.
값을 **True** [트루 : 참] 혹은 **False** [펄스 : 거짓]로 나타내는 방식을 말합니다.
(간단하게 **Boolean** 또는 **Boole**이라고도 합니다.)

● The Honey Tips for Coding and Computational Thinking

● The Very Basics Of Python

● Read a chapter, then do interactive exercises to make your Python knowledge stick.

● The Ultimate Beginners' Guide for Coding with Python

Data Type 1.
Number 1-3 : Comparison Operator

 Coding Drill (코딩훈련 1.)

Boolean Expression [불리언 익스프레션 : 불의 표현식]을 확인해봅시다!
'**2**는 **2.0**과 같지 않다.' 즉 **2 != 2.0**이라고 입력하고 결과를 확인합니다.

```
>>> 2 != 2.0
False
```

D1-3-d1

 Coding Drill (코딩훈련 2.)

Boolean Expression을 확인해봅시다!
2 + 3 - 4 == 2를 입력하고 결과를 확인합니다.

```
>>> 2 + 3 - 4 == 2
False
```

D1-3-d2

 Coding Drill (코딩훈련 3.)

이번에는 **2 + 3 - 4 == 1**을 입력해봅시다!

● We can learn **complete primary skills** of **Python fast** and **fun.**

● **Python Tutorial** for **Absolute Beginners**

데이터 타입 1. 넘버 1-3
: Comparison Operator는 좌우의 Object를 비교합니다.

D1-3-d3

```
>>> 2 + 3 - 4 == 1
True
```

 Coding Drill (코딩훈련 4.)

4 >= 2를 입력해봅시다!

D1-3-d4

```
>>> 4 >= 2
True
```

 Coding Drill (코딩훈련 5.)

이번에는 등호의 순서를 바꾸어 **4 => 2**로 입력하고,
'오류 메시지'를 확인해봅시다!

D1-3-d5

```
>>> 4 => 2
  File "<stdin>", line 1
  4 => 2
     ^
SyntaxError: invalid syntax
```

● **The Honey Tips** for **Coding** and **Computational Thinking**

● **The Very Basics Of Python**

● EASY
Learn How to Code Step by Step!

● SMART
Learn Python with the Compact Guide!

QUICK
Learn Python in Short Way Ever!

● The Ultimate Beginners' Guide for Coding with Python

아! 잠깐만yo!
think like programer

Error Message란?

앞에서와 같이 잘못 입력하게 되면 **Python**은 우리에게
Error Message [에러 메세지 : 오류 메시지]를 표시해 알립니다.

```
>>> 4 => 2
    File "<stdin>", line 1
    4 => 2

SyntaxError: invalid syntax
```

주목할 부분은 빨간색과 그 다음 줄입니다.
^ **Caret** [캐럿]은 틀린 곳의 위치를 표시합니다.
그리고 **Python**은 친절하게 틀린 이유를 설명해 줍니다.
위의 경우 **SyntaxError** [신텍스 에러 : 구문상 오류]라고 하고,
구체적으로 **invalid syntax**
[인밸리드 신텍스 : 유효하지 않은 문장]라고 나옵니다.
즉, 부등호의 순서가 틀린 잘못된 문장이라는 것을 알려줍니다.

**ERROR
MESSAGE**

Python은 **Error Message**를 통해 우리가 어디에 무엇을
잘못했고, 어떤 이유로 잘못되었는지를 친절하게 설명해 줍니다.
Error Message는 우리에게 그때그때 도움을 주는
도우미이자 개인교수가 될 수 있습니다.

● We can learn complete primary skills of Python fast and fun.

Python Tutorial for Absolute Beginners

KEEP
CALM
AND
CODING

**Integers, floating point numbers and complex numbers
fall under Python numbers category.**
Python의 Numbers [넘버스 : 숫자들]에는 정수, 실수 및 복소수가 포함됩니다.

● Read a chapter, then do interactive exercises to make your Python knowledge stick.

● The Ultimate Beginners' Guide for Coding with Python
Data Type 1.
Number 1-4 : Logical Operator

Data Type 1.
Number 1-4 : Logical Operator
: '넘버'의 논리 연산자

Logical Operator [로지컬 오퍼레이터 : 논리 연산자]는
Boolean Expression [불리언 익스프레션 : 불의 표현식]을
결합할 때 사용할 수 있습니다.

대표적인 **Logical Operator**로는
and [앤드 : 그리고], **or** [오어 : 또는], **not** [낫 : 아니다] 등이 있습니다.
이들 각각은 **and Operator, or Operator, not Operator**라고도 부릅니다.

● **Logical Operators in Python**

and	**A and B**	**A**도 참이고 **B**도 참일 때 참의 값을 갖는다.
or	**A or B**	**A** 또는 **B**가 참일 때 참의 값을 갖는다.
not	**not A**	**A**가 참이 아닐 때 참의 값을 갖는다.

실제로 어떻게 작동되는지 직접 확인해 보겠습니다.
먼저 **and Operator**입니다. **True and True**를 입력합니다.
그러면 **True**입니다.

● Read a chapter, then do interactive exercises to make your Python knowledge stick.

데이터 타입 1. 넘버 1-4

: Logical Operator에는 and, or, not 등이 있습니다.

D1-4-1

```
>>> True and True
True
```

이번에는 **True and False**를 입력합니다.
그러면 **False**입니다.
둘 중에 하나라도 **False**가 있으면 '거짓'인 것이죠.

D1-4-2

```
>>> True and False
False
```

이번에는 **or Operator**입니다.
True or False를 입력합니다. 그러면 **True**입니다.
둘 중에 하나만이라도 **True**가 있으면 '참'입니다.

D1-4-3

```
>>> True or False
True
```

False or False를 입력합니다. 그러면 **False**입니다.
모두 **False**이니까 '거짓'입니다.

● The Honey Tips for Coding and Computational Thinking

● The Very Basics Of Python

● The Ultimate Beginners' Guide for Coding with Python

Data Type 1.
Number 1-4 : Logical Operator

D1-4-4

```
>>> False or False
False
```

이번에는 **not Operator**입니다.
not True를 입력합니다. 그러면 **False**입니다.
'참'이 아니니까 '거짓'이고, 같은 방식으로 **not False**는 **True**가 됩니다.

D1-4-5

```
>>> not False
True
```

D1-4-6

```
>>> not True
False
```

데이터타입 1. 넘버 1-4

: Logical Operator에는 **and, or, not** 등이 있습니다.

Coding Drill (코딩훈련 1.)

Logical Operator [로지컬 오퍼레이터 : 논리 연산자]를 사용하여
Boolean Expression [불리언 익스프레션 : 불의 표현식]을 연습해봅시다!
먼저 **and Operator**입니다. **False and True**를 입력합니다.

D1-4-d1

```
>>> False and True
False
```

Coding Drill (코딩훈련 2.)

Logical Operator를 사용하여
Boolean Expression을 연습해봅시다!
False and False를 입력합니다.

D1-4-d2

```
>>> False and False
False
```

Coding Drill (코딩훈련 3.)

이번에는 **or Operator**입니다. **False or True**를 입력해봅시다!

● Read a chapter, then do interactive exercises to make your Python knowledge stick.

● The Ultimate Beginners' Guide for Coding with Python

Data Type 1.
Number 1-4 : Logical Operator

D1-4-d3

```
>>> False or True
True
```

 Coding Drill (코딩훈련 4.)

True or True를 입력해봅시다!

D1-4-d4

```
>>> True or True
True
```

 Coding Drill (코딩훈련 5.)

이번에는 **not Operator**입니다.
not False를 입력해봅시다!

D1-4-d5

```
>>> not False
True
```

● EASY
Learn How to Code Step by Step!

● SMART
Learn Python with the Compact Guide!

● QUICK
Learn Python in Short Way Ever!

● The Ultimate Beginners' Guide for Coding with Python

아! 잠깐만yo!
think like programer

Function의 필요성?

우리는 지금까지 **type ( )** [타입 펑션],
int ( ) [인트/인티저 펑션], **float ( )** [플로우트 펑션]이라는
Python의 여러 **Function** [펑션 : 기능/함수]들을 만났습니다.

Coding [코딩]에서 **Function**이 필요한 이유는
자주 사용하는 반복적인 **Code** [코드]를 정돈하여,
전체 **Program**을 간결하고 가볍게 만들 수 있기 때문입니다.

FUNCTION

Program이 가볍다는 말은
그만큼 빠르게 동작할 수 있다는 뜻입니다.
예를 들어 대용량의 문서에서 어떤 용어를 교체해야 할 경우,
일일이 하나씩 찾아서 다시 쓰기보다는
'찾아 바꾸기'라는 **Function**을 사용하여 일괄적으로 변환하면
간단하게 순식간에 처리할 수 있습니다.

그래서 우리가 배운 **type ( )**, **int ( )**, **float ( )** 등의
Function은 그 자체로 하나의
Mini Program [미니 프로그램 : 작은 프로그램]이라고 할 수 있습니다.

● The Honey Tips for Coding and Computational Thinking

● The Very Basics Of Python

● Read a chapter, then do interactive exercises to make your Python knowledge stick.

● The Ultimate Beginners' Guide for Coding with Python

**Data Type 1.
Number 1-5 : Variable & Value**

Data Type 1.
Number 1-5 : Variable & Value
: '변수와 값'

원의 둘레를 나타내는 '원주율'은
3.14159265358979...이며, 이를 끝까지 다 표시할 수 없어서
기호 π **[파이]**로 대신하여 사용합니다.
너무 길어서 또는 반복하는 과정에서 실수가 있을 수도 있어서
우리는 종종 대신하여 값을 표시합니다.

프로그래밍에서는 이를 **Variable [배리어블 : 변수]**이라고 합니다.
Variable은 '어떤 **Value [밸류 : 값]**를 대신하는 기호/표시'입니다.
그리고 **Value**는 '숫자나 문자 같은 데이터의 기본 단위'입니다.
예를 들어 **x = 1**, **y = 2**라고 했을 때 **x**, **y**는 **Variable**, **1**, **2**는 **Value**입니다.
그리고 이때의 **=**은 **Assignment Operator**
[어싸인먼트 오퍼레이터 : 지정연산자]라고 하는데,
여기서 **=**은 '대신한다'는 의미로 '~라고 하자'로 해석할 수 있습니다.
(우리가 수학에서 사용했던 '등호'는 **Phython**에서 **==**로 표시합니다.)
(**Assignment Operator**는 **Section 2**에서 좀 더 깊게 다루게 될 것입니다.)

그러니까 **x = 1**에서 **x**는 **1**을 대신하고 있는 것이며,
x는 **1**의 또 다른 이름인 것입니다.
그래서 **x**를 **1**이라고 하고 **x**의 값을 물으면 **1**이라는 대답이 나오는 것입니다.

데이터타입 1. 넘버 1-5

: x = 1에서 x는 **Variable**이고, **1**은 **Value**입니다.

D1-5-1

```
>>> x = 1
>>> x
1
```

이제부터 'x를 원래의 x에 1을 더한 값이라고 하자!'라고
다시 지정하면 이때부터 x는 새로운 값을 가지게 됩니다.

D1-5-2

```
>>> x = x + 1
>>> x
2
```

Variable을 굳이 사용하는 이유는 많은 양의 정보에서
찾아 바꾸기나 수정/삭제 등의 편의를 위해서,
그리고 반복되는 내용을 **x**, **y**, **myNum** 등의 약어로 만들면
프로그램 전체에서 반복을 피할 수 있기 때문입니다.

Variable은 반드시 문자로 시작하고, 숫자로 시작하는 것은 피합니다.
Variable은 소문자로 시작하고,
다음 단어의 첫글자는 대문자로 쓰는 것이 좋습니다.
예를 들어 **myName**, **myNum**, **toDo** 등처럼 말입니다.
그래야 가독성이 좋고, 다른 사람이 볼 때 이해하기도 쉽습니다.

Variable은 임의로 정할 수 있지만 **Python**에서 이미 사용하고 있는
Keyword [키워드] **33**가지는 피해야 합니다.
(다음에 나오는 아! 잠깐만yo!를 참고하시면 됩니다.)

● **The Honey Tips** for **Coding** and **Computational Thinking**

● **The Very Basics** Of **Python**

● The Ultimate Beginners' Guide for Coding with Python

Data Type 1.
Number 1-5 : Variable & Value

 Coding Drill (코딩훈련 1.)

Variable [배리어블 : 변수]을 만들어 봅시다! **Variable**은 **num**이라고 하고,
Value [밸류 : 값]는 **7**이라고 한 후, **num - 5**를 입력해봅시다!

D1-5-d1

```
>>> num = 7
>>> num - 5
2
```

 Coding Drill (코딩훈련 2.)

Variable을 만들어 봅시다! **Variable**은 **myNum**, **Value**는 **777**이라고 하고,
myNum + 111을 입력해봅시다!

D1-5-d2

```
>>> myNum = 777
>>> myNum + 111
888
```

 Coding Drill (코딩훈련 3.)

(2 + 3 - 4) * 2 * (2 + 3 - 4) == 2라는 수식이 있을 때
(2 + 3 - 4)를 **nums**라는 **Variable**로 바꾸어 봅시다!
(반복되는 부분을 **Variable**로 사용하면서 수식의 길이가 절반으로
짧아졌음을 확인할 수 있습니다.)

데이터 타입 1. 넘버 1-5

: x = 1에서 x는 **Variable**이고, 1은 **Value**입니다.

D1-5-d3

```
>>> nums = 2 + 3 - 4
>>> nums * 2 * nums
2
```

 Coding Drill (코딩훈련 4.)

num = 4라고 하고, **num += 2**는 '**num**에 **2**를 더한 것을 **num**으로 다시 정한다.'라는 뜻입니다. 그리고 나서 다시 한번 **num**의 **Value**를 확인해봅시다!
(**num -= 2**는 **num**에서 **2**를 뺀 것을 **num**으로 정하는 것입니다.)

D1-5-d4

```
>>> num = 4
>>> num += 2
>>> num
6
```

 Coding Drill (코딩훈련 5.)

num = 4라고 합시다. 그리고 **num *= 2**는 '**num**에 **2**를 곱한 것을 **num**으로 다시 정한다.'입니다. 그리고 나서 다시 한번 **num**의 **Value**를 확인해봅시다!
(**num /= 2**는 **num**에서 **2**를 나눈 것을 **num**으로 정하는 것입니다.)

D1-5-d5

```
>>> num = 4
>>> num *= 2
>>> num
8
```

● The Honey Tips for Coding and Computational Thinking

● The Very Basics Of Python

● EASY
Learn How to Code Step by Step!

● SMART
Learn Python with the Compact Guide!

QUICK
Learn Python in Short Way Ever!

● The Ultimate Beginners' Guide for Coding with Python

아! 잠깐만yo!
think like programer

Python's 33 Keywords

Python에서 이미 사용하고 있는 단어들이 있어서
우리가 새롭게 이름을 지을 때 피해야 하는 표현들이 있습니다.
다음의 33개 **Keywords** [키워즈]기 이떤 기능올 기지고 있는지
알게 되면 우리는 **Python** 초보 수준을 훌쩍 넘어서는 것입니다!

True	False	None
and	or	not
is	try	return
continue	break	pass
assert	import	raise
yield	except	def
del		
in	for	with
from	as	finally
if	elif	else
while	class	lambda
global	nonlocal	

> PYTHON'S
> 33
> KEYWORDS

(대부분의 기능들이 앞으로 소개될 것입니다.
이런 유형의 키워드들이 있다는 정도로만 알고 넘어갑시다!)

Don't
tell
people
your
dreams.

Just
show
them.

● Read a chapter, then do interactive exercises to make your Python knowledge stick.

● The Ultimate Beginners' Guide for Coding with Python

Data Type 2.
String 2-1 : Delimiter

Data Type 2.
String 2-1 : Delimiter

: '스트링'의 구분

'문자'로 된 **Data**를 다루는 여러 가지 방법을
배우는 것이 이번 섹션 우리들의 목표입니다.

우리들의 두 번째 **Data Type** [데이터 타입 : 자료형태]은 **String** [스트링 : 문자열]입니다.
String은 문자들이 순서대로 열을 지어 있는 것입니다.
이름, 단어, 문장, 문단 등 문자로 이루어진 모든 것이 다 **String**입니다.
문장을 이루는 문장부호 역시 **String**을 구성하는 요소입니다.

String은 Sequence [씨퀀스 : 순서]라는 중요한 특징을 가지고 있습니다.
그도 그럴 것이 **Character** [캐릭터 : 문자]의 순서가 달라지면
전혀 다른 의미가 되어버리기 때문에 애초에 정해진 순서가
매우 중요한 **Data Type**입니다.
어느 위치에 어떤 **Character**가 있는가,
어떤 순서로 나열되어 있는가가 **String**의 핵심인 것입니다.

D2-1-01

데이터 타입 2. 스트링 2-1

: **String**은 문자들이 순서대로 열을 지어 있는 것입니다.

D2-1-02

```
>>> 'reverse'
```

```
>>> 'reserve'
```

String은 ❶ ' ' **Single Quotation** [싱글 쿼테이션 : 작은따옴표],
❷ " " **Double Quotation** [더블 쿼테이션 : 큰따옴표],
❸ ''' ''' **Triple Single Quotation** [트리플 싱글 쿼테이션 : 3중 작은따옴표]나
❹ """ """ **Triple Double Quotation** [트리플 더블 쿼테이션 : 3중 큰따옴표]
안에 넣어서 표시합니다.

D2-1-03

```
>>> 'Python'
```

```
>>> 'Punch Python'
```

D2-1-04

```
>>> "Hey!"
```

```
>>> "hello world"
```

D2-1-05

```
>>> '''This is a string.'''
```

```
>>> """This is a string."""
```

넷 중 어떤 것을 사용해도 되지만, 예를 들어 **Tomy's car.** 또는 **It's me.** 처럼
'소유/생략을 나타내는 문장부호인 **' Apostrophe** [어파스트로피]와의 혼동은
피해야 합니다. 그래서 문장을 " " **Double Quotation** 안에 넣거나,
또는 별도의 방법으로 **' Apostrophe**를 표현합니다.
(**' Apostrophe**와 \ **Backslash** [백슬래시 : 역슬래시]를 함께 표시하면 됩니다.)
(**Windows** 키보드에서는 ₩가 \ **Backslash**입니다.)

● The Honey Tips for Coding and Computational Thinking

● The Very Basics Of Python

● The Ultimate Beginners' Guide for Coding with Python

Data Type 2.
String 2-1 : Delimiter

D2-1-06

```
>>> 'It\'s me.'
```

```
>>> "It's me."
```

D2-1-07

```
>>> 'Tomy\'s car.'
```

```
>>> "Tomy's car."
```

String은 **Quotation** 안에 표시합니다.
그래서 **Quotation** 안에 '숫자'가 들어가면
더 이상 '숫자'가 아니고, '문자열'이 됩니다.
그래서 **'4321'**은 **String**이 됩니다.
그러면 **type ( ) Function**으로 **4321**과 **'4321'**의 종류를 확인해 보겠습니다.

D2-1-08

```
>>> type (4321)
<class 'int'>
```

D2-1-09

```
>>> type ('4321')
<class 'str'>
```

그리고 일반적으로 여러 줄의 **String [스트링 : 문자열]**을 표시할 때
''' ''' **Triple Single Quotation**이나,
""" """ **Triple Double Quotation**을 사용합니다.

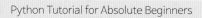

데이터타입 2. 스트링 2-1

: String은 문자들이 순서대로 열을 지어 있는 것입니다.

D2-1-10

```
>>> '''I
... love
... Python.'''
```

D2-1-11

```
>>> """I
... love
... Python."""
```

이때, '따옴표'나 '괄호' 등의 기호를 Delimiter [델리미터 : 구분자/구획문자]라고 합니다.
그러니까 Delimiter는 문자열이 어디서 분할되는지를 표시해주는 역할을 합니다.

Quotation을 사용할 때 유의할 점은 시작과 끝이 있어야 하며,
시작과 끝은 같은 종류여야 합니다.
이런저런 Quotation을 혼용하면 안된다는 것입니다.

자! 그러면 본격적으로 String [스트링 : 문자열]을 훈련해 보겠습니다.
먼저 지금까지 우리가 다루었던 수식은 별도의 절차 없이 Enter만으로
답을 구했다면 이제부터는 명령어 Print [프린트] Function [평션 : 기능/함수]을
사용합니다. print ( )라고 하고, ( ) Parentheses [퍼렌써시스 : 소괄호] 안에
출력할 내용을 입력하면 됩니다.

D2-1-12

```
>>> print ("Hello World")
Hello World
```

● The Ultimate Beginners' Guide for Coding with Python

Data Type 2.
String 2-1 : Delimiter

D2-1-13

```
>>> a = "Hello World"
>>> print (a)
Hello World
```

이렇게 한 줄 한 줄 **Code [코드]** 처리하는 것을
Execution [엑스큐션 : 실행]이라고 합니다.

여러 줄의 문장을 출력할 때는 **\n Backslash n** [백슬래시 엔 : 역슬래시 뉴라인]으로
줄바꿈을 할 수 있습니다. 여러 줄의 **String**은 **''' '''Triple Single Quotation**
[트리플 싱글 쿼테이션 : 3중 작은따옴표]나 **""" """Triple Double Quotation**
[트리플 더블 쿼테이션 : 3중 큰따옴표] 안에 표시합니다.

D2-1-14

```
>>> b = '''I \nlove \nPython.'''
>>> print (b)
I
love
Python.
```

그리고 **Tab**으로 단어들의 간격을 띄울 수 있습니다.
Tab은 **\t Backslash t** [백슬래시 티 : 역슬래시 탭]로 표현합니다.

D2-1-15

```
>>> d = 'Python \tis \tthe \tbest!'
>>> print (d)
Python    is    the    best!
```

● We can learn complete primary skills of Python fast and fun.

● Python Tutorial for Absolute Beginners

데이터타입 2. 스트링 2-1

: **String**은 문자들이 순서대로 열을 지어 있는 것입니다.

 ## Coding Drill (코딩훈련 1.)

a = **'Python'**이라고 하고, **a**를 **print ( )** 해봅시다!

D2-1-d1

```
>>> a = 'Python'
>>> print (a)
Python
```

 ## Coding Drill (코딩훈련 2.)

b = **"PYTHON"**이라고 하고, **b**를 **print ( )** 해봅시다!

D2-1-d2

```
>>> b = "PYTHON"
>>> print (b)
PYTHON
```

 ## Coding Drill (코딩훈련 3.)

문장부호 **'** (**Apostrophe**) [어파스트로피]가 있는 **'Python's Power'**를 출력해봅시다!
c = **'Python\'s Power'**라고 하고, **c**를 **print ( )** 해봅시다!

D2-1-d3

```
>>> c = 'Python\'s Power'
>>> print (c)
Python's Power
```

● The Honey Tips for **Coding** and **Computational Thinking**

● The Very Basics Of Python

● The Ultimate Beginners' Guide for Coding with Python

Data Type 2.
String 2-1 : Delimiter

Coding Drill (코딩훈련 4.)

이번에는 여러 줄의 문장을 **\n Backslash n [백슬래시 엔 : 역슬래시 뉴라인]**을 사용하여
출력해봅시다! **d = '''Python is \na programing \nlanguage.'''**라고 하고,
d를 **print ( )** 해봅시다!

D2-1-d4

```
>>> d = '''Python is \na programing \nlanguage.'''
>>> print (d)
Python is
a programing
language.
```

Coding Drill (코딩훈련 5.)

이번에는 **\t Backslash t [백슬래시 티 : 역슬래시 탭]**를 사용하여
e = 'Python \tis \ta \tprograming \tlanguage.'라고 하고,
e를 **print ( )** 해봅시다!

D2-1-d5

```
>>> e = 'Python \tis \ta \tprograming \tlanguage.'
>>> print (e)
Python     is     a     programing     language.
```

● EASY
Learn How to Code Step by Step!

● SMART
Learn Python with the Compact Guide!

● QUICK
Learn Python in Short Way Ever!

● The Ultimate Beginners' Guide for Coding with Python

아! 잠깐만yo!
think like programer

'a'와 print ('a')의 차이점!

```
>>> 'a'
'a'
```

```
>>> print ('a')
a
```

위의 2가지 상황은 차이가 있습니다. **print ( )**가 사람을 위한 답이라면,
그냥 **'a'**는 **Python** 즉, 컴퓨터가 기억하고 있는 현재상태입니다. 예를 들어,

```
>>> b = 'It\'s me.'
>>> b
"It's me."
```

```
>>> b = 'It\'s me.'
>>> print (b)
It's me.
```

\ Backslash [백슬래시 : 역슬래시]는 '소유/생략'을 나타내는 문장부호
' (Apostrophe) [어파스트로피]와 String [스트링 : 문자열]을 표시하는
Quotation [쿼테이션 : 따옴표]과의 혼동을 피하기 위해 삽입한 것입니다.
위의 **b**는 **'It\'s me.'**를 **"It's me."**로 **Python**이 속성까지 기억하고 있는 것이고,
print (b)는 결과적으로 우리 눈에 보이게 될 최종 상태,
즉 **It's me.**만을 출력하는 것입니다.

그래서 **'a'**와 **print ('a')**는 '누구의 시점인가?'라는 '차이'라고 할 수 있습니다.

● The Honey Tips for Coding and Computational Thinking ● The Very Basics Of Python

● Read a chapter, then do interactive exercises to make your Python knowledge stick.

● The Ultimate Beginners' Guide for Coding with Python
Data Type 2.
String 2-2 : len, max, min

Data Type 2.
String 2-2 : len, max, min

: '스트링'의 길이, 최대치, 최소치

이제 본격적으로 **String [스트링 : 문자열]**을 다루어 보겠습니다.
String을 다루는 주요 **Function [펑션 : 기능/함수]**들이 있습니다.
다음의 **Function**은 사용자의 편의를 위해 **Python**에
이미 만들어져 있는 **Built-in Function [빌트-인 펑션 : 내장 함수]**입니다.

먼저 **len ( ) [렌 펑션]**입니다.
len은 **Length [렝스 : 길이]**의 축약표현입니다.
len ( )은 **String** 안의 문자의 갯수를 표시해줍니다.
괄호 안에 대상을 지정하기만 하면 됩니다.
그러면 공백의 갯수까지 포함한 숫자를 나타냅니다.

D2-2-01

```
>>> len ('My Python')
9
```

그러면 **My Python**이라는 **String**의 공백을 포함한 숫자, **9**라는 답이 나옵니다.

데이터 타입 2. 스트링 2-2

: Python에는 **Built-in Function**이 내장되어 있습니다.

이번에는 **a = 'My Python'**이라고 하고, **a**의 **len**을 확인해 보겠습니다.

D2-2-02

```
>>> a = 'My Python'
>>> len (a)
9
```

print ( ) [프린트 펑션]을 함께 사용할 수도 있으며, 같은 결과를 얻게 됩니다.

D2-2-03

```
>>> print (len ('My Python'))
9
```

D2-2-04

```
>>> a = 'My Python'
>>> print (len (a))
9
```

다음은 **max ( )** [맥스 펑션]과 **min ( )** [민 펑션]입니다.
max는 **Maximum** [맥시멈 : 최대치]으로 가장 큰 숫자나
알파벳 순서 상 가장 뒤에 나오는 문자를 말합니다.
min은 **Minimum** [미니멈 : 최소치]으로 가장 작은 숫자나
알파벳 순서 상 가장 먼저 나오는 문자를 말합니다.
공백이 있는 문자열에서는 공백이 가장 낮은 값입니다.
(공백 〈 숫자 〈 대문자 〈 소문자)

● The Ultimate Beginners' Guide for Coding with Python

Data Type 2.
String 2-2 : len, max, min

We can learn **complete primary skills** of **Python fast** and **fun.**

Python Tutorial for Absolute Beginners

D2-2-05
```
>>> max ('victory')
'y'
```

D2-2-06
```
>>> b = 'victory'
>>> max (b)
'y'
```

victory라는 7개의 문자 중에서 알파벳 순서 상 가장 나중 문자인
y라고 답이 나옵니다.
같은 방식으로 **print ( )**를 사용할 수도 있습니다.

D2-2-07
```
>>> print (max ('victory'))
y
```

D2-2-08
```
>>> b = 'victory'
>>> print (max (b))
y
```

다음은 최소치를 **min**으로 찾아 보겠습니다.

● Read a chapter, then do interactive exercises to make your Python knowledge stick.

데이터타입 2. 스트링 2-2

: Python에는 **Built-in Function**이 내장되어 있습니다.

D2-2-09

```
>>> min ('victory')
'c'
```

D2-2-10

```
>>> b = 'victory'
>>> min (b)
'c'
```

그러면 알파벳 순서 상 가장 앞에 나오는 **c**를 최소치로 답합니다.

D2-2-11

```
>>> print (min ('victory'))
c
```

D2-2-12

```
>>> b = 'victory'
>>> print (min (b))
c
```

● **The Honey Tips** for **Coding** and **Computational Thinking**

● **The Very Basics Of Python**

● The Ultimate Beginners' Guide for Coding with Python

Data Type 2.
String 2-2 : len, max, min

 Coding Drill (코딩훈련 1.)

a = '43 125'라고 하고, **len ( )**을 사용하여
len (a)를 **print ( )** 해봅시다! (**Length** [렝스 : 길이])

D2-2-d1

```
>>> a = '43 125'
>>> print (len (a))
6
```

 Coding Drill (코딩훈련 2.)

b = 'Python Lover'라고 하고, **len (b)**를 **print ( )** 해봅시다!
(결과값은 공백의 숫자를 포함합니다.)

D2-2-d2

```
>>> b = 'Python Lover'
>>> print (len (b))
12
```

 Coding Drill (코딩훈련 3.)

이번에는 **max ( )** [맥스 펑션]을 사용합니다. (**Maximum** [맥시멈 : 최대치])
c = 'Learning Python'이라고 하고, **max (c)**를 **print ( )** 해봅시다!

● Read a chapter, then do interactive exercises to make your Python knowledge stick.

데이터타입 2. 스트링 2-2

: Python에는 **Built-in Function**이 내장되어 있습니다.

D2-2-d3

```
>>> c = 'Learning Python'
>>> print (max (c))
y
```

 Coding Drill (코딩훈련 4.)

이번에는 **min ( )** [민 평션]을 사용합니다. (**Minimum** [미니멈 : 최소치])
c = 'Learning Python'이라고 하고, **min (c)**를 **print ( )** 해봅시다!
(공백은 알파벳보다 작기 때문에 공백이 표시될 것입니다.)

D2-2-d4

```
>>> c = 'Learning Python'
>>> print (min (c))

>>>
```

 Coding Drill (코딩훈련 5.)

d = 'ABCd2'라고 하고, **min (d)**를 **print ( )** 해봅시다!
(숫자는 알파벳보다 작습니다.)

D2-2-d5

```
>>> d = 'ABCd2'
>>> print (min (d))
2
```

● The Honey Tips for **Coding** and **Computational Thinking**

● The Very Basics Of Python

● Read a chapter, then do interactive exercises to make your Python knowledge stick.

● The Ultimate Beginners' Guide for Coding with Python
Data Type 2.
String 2-3 : upper, lower, replace

Data Type 2.
String 2-3 : upper, lower, replace
: '스트링'의 대문자, 소문자, 치환

이번에는 **String** [스트링 : 문자열]을 다루는
몇 가지 주요 **Method** [메써드 : 방법]들을 다루어 보겠습니다.
(**Method**의 사전적인 의미는 '이미 정해진 방법'입니다.)

Method는 기본적으로 **a . Method ( )**의 형태입니다.
Method는 2개의 **Argument** [아규멘트 : 인자]를 가지고 있습니다.

a . b ( )

Method는 위에서처럼 첫 번째 **Argument a**와
두 번째 **Argument b**로 구성되며, 이때 **a**는 대상이고, **b**는 방법입니다.
그리고 그 사이에는 구분을 위한 **. Dot** [닷 : 점]이 있습니다.

그러니까 **. Dot**을 중심으로
왼쪽의 **a**가 대상이 되는 것이고, 오른쪽의 **b**는 처리 방법이며,
( ) Round Bracket [라운드 브래킷 : 소괄호]을 채워달라는 요구인 것입니다.

데이터타입 2. 스트링 2-3

: Method는 기본적으로 a . Method ( )의 형태입니다.

2-3

정리하면 왼쪽의 **a**는 **Object** [업젝트 : 대상]이고,
오른쪽의 **b**는 **Method** [메써드 : 방법]이며,
. Dot은 **Delimiter** [델리미터 : 구분자]입니다.

자! 그러면 **upper** [어퍼] **Method**와
lower [로우어] **Method**를 먼저 만나보겠습니다.

upper는 **Upper Case** [어퍼 케이스 : 대문자]이며,
lower는 **Lower Case** [로우어 케이스 : 소문자]를 말합니다.
upper와 **lower Method**는 각각 '대문자/소문자'로 변환할 때
사용하는 **String** 전용 **Method**입니다.

D2-3-01

```
>>> a = 'my python'
>>> a . upper ()
'MY PYTHON'
```

D2-3-02

```
>>> b = 'MY PYTHON'
>>> b . lower ()
'my python'
```

그러니까 **a . upper ( )**는 'a를 대문자로 고쳐라!'이고,
b . lower ( )는 'b를 소문자로 고쳐라!'라는 뜻입니다.

● The Honey Tips for Coding and Computational Thinking

● The Very Basics Of Python

● Read a chapter, then do interactive exercises to make your Python knowledge stick.

● The Ultimate Beginners' Guide for Coding with Python

Data Type 2.
String 2-3 : upper, lower, replace

같은 맥락에서 **title Method**라는 것이 있습니다.
title은 즉 Title [타이틀 : 제목]의 형태를 말하는 것으로
알파벳 언어권에서 신문기사나 광고에서처럼 첫글자를
모두 대문자로 쓰는 표현방식을 말합니다.

D2-3-03

```
>>> c = 'my python'
>>> c . title ()
'My Python'
```

다음은 **replace Method**입니다.
replace는 즉 Replace [리플레이스 : 치환]로
구성요소를 바꿀 때 사용합니다.
replace (a, b) 하면 'a를 b로 바꿔라!'라는 뜻입니다.

D2-3-04

```
>>> d = 'My Python'
>>> d . replace ('My', 'Your')
'Your Python'
```

이상의 **Method**는 **print ( )** [프린트 펑션]과 함께 사용할 수 있습니다.

D2-3-05

```
>>> d = 'My Python'
>>> print (d . replace ('My', 'Your'))
Your Python
```

● Read a chapter, then do interactive exercises to make your Python knowledge stick.

데이터 타입 2. 스트링 2-3

: Method는 기본적으로 **a . Method ( )**의 형태입니다.

 Coding Drill (코딩훈련 1.)

a = 'my python'이라고 하고, **upper Method [어퍼 메써드]**를 사용하여
a를 모두 '대문자'로 **print ( )** 해봅시다!

D2-3-d1

```
>>> a = 'my python'
>>> print (a . upper ())
MY PYTHON
```

 Coding Drill (코딩훈련 2.)

b = 'MY PYTHON'이라고 하고, **lower Method [로우어 메써드]**를 사용하여
b를 모두 '소문자'로 **print ( )** 해봅시다!

D2-3-d2

```
>>> b = 'MY PYTHON'
>>> print (b . lower ())
my python
```

 Coding Drill (코딩훈련 3.)

c = 'my python'이라고 하고, **title Method [타이틀 메써드]**를 사용하여
c를 '제목체'로 **print ( )** 해봅시다!

● The Honey Tips for **Coding** and **Computational Thinking**

● The Very Basics Of Python

● The Ultimate Beginners' Guide for Coding with Python

Data Type 2.
String 2-3 : upper, lower, replace

D2-3-d3

```
>>> c = 'my python'
>>> print (c . title ())
My Python
```

 Coding Drill (코딩훈련 4.)

d = 'My Python'이라고 하고, **replace Method** [리플레이스 메써드]를 사용하여
'My'를 'Hello'로 '치환'하여 **print ( )** 해봅시다!

D2-3-d4

```
>>> d = 'My Python'
>>> print (d . replace ('My', 'Hello'))
Hello Python
```

 Coding Drill (코딩훈련 5.)

e = 'Punch'라고 하고, **replace Method**를 사용하여
'unch'를 'ython'으로 단어의 일부분을 '치환'하여 **print ( )** 해봅시다!

D2-3-d5

```
>>> e = 'Punch'
>>> print (e . replace ('unch', 'ython'))
Python
```

● Python Tutorial for Absolute Beginners

■ 96   Learn Python well and fast with the compact
         beginners' guide on Python programing.   ■ Python Tutorial for Absolute Beginners

● We can learn **complete primary skills** of **Python fast and fun.**

● EASY
Learn How to Code Step by Step!

● SMART
Learn Python with the Compact Guide!

QUICK
Learn Python in Short Way Ever!

● The Ultimate Beginners' Guide for Coding with Python

아! 잠깐만yo!
think like programer

Function & Method

외국어 학습의 기본은 '단어/숙어'입니다.
우리는 **Python**이라는 '외국어'를 배우고 있습니다.
Python에서 '단어/숙어'에 해당하는 것이
Function [펑션 : 기능/함수]과 **Method** [메써드 : 방법]입니다.

Function과 **Method**는 형태적으로 차이가 있습니다.

> **Function (Object)**
>
> **Object . Method ( )**

예를 들면 다음과 같습니다.

> **print ( )**   **Function**은 '단어'와 같고,
>
> **a . title ( )**   **Method**는 '숙어'와 같다.

print ( ) Function [프린트 펑션]에서 **print**가 '프린트하다'라면,
. title Method [닷 타이틀 메써드]는 '타이틀로'라는 뜻으로
. [닷]은 전치사(**to, with** 등)의 역할을 합니다.
. [닷]이 단순한 '점'이나 '구분자'가 아니라는 것입니다.
영어권 사용자들이 **. [닷]**을 자연스럽게 전치사로 풀어 읽는 점을
주목할 필요가 있습니다. 바로 이런 부분들이
Python이 얼마나 '직관적'인지 가늠할 수 있기 때문입니다.

● The Honey Tips for Coding and Computational Thinking   ● The Very Basics Of Python

● Read a chapter, then do interactive exercises to make your Python knowledge stick.

● The Ultimate Beginners' Guide for Coding with Python

Data Type 2.
String 2-4 : Concatenating, Replication

Data Type 2.
String 2-4 : Concatenating, Replication
: '스트링'의 병합과 복제

Number [넘버 : 숫자]처럼 **String** [스트링 : 문자열]도 연산이 가능합니다.
String도 **+ Plus** [플러스 : 더하기]로 합치거나,
* Multiply [멀티플라이 : 곱하기]로 반복할 수 있다는 것입니다.
+ 하는 것을 **Concatenating** [컨케트네이팅 : 연결/병합하기]이라고 하고,
* 하는 것을 **Repeating** [리피팅 : 반복하기] 또는
String Replication [스트링 레플러케이션 : 문자열 복제]이라고 합니다.

+, *****와 같은 산술기호는 **Operator** [오퍼레이터 : 연산자]라고 부릅니다.
그러면 **Operator +**를 사용하여 **String**을 더해보겠습니다.

D2-4-01

```
>>> a = 'apple'
>>> b = 'pen'
>>> a + b
'applepen'
```

이번에는 **Operator ***를 사용하여 **String**을 곱해보겠습니다.
띄어쓰기를 하려면 **Quotation** [쿼테이션 : 따옴표] 안에 스페이스를 삽입하면 됩니다.

데이터타입 2. 스트링 2-4

: String도 **+ Plus**로 합치거나, *** Multiply**로 반복할 수 있습니다.

D2-4-02

```
>>> a = 'apple '
>>> a * 3
'apple apple apple '
```

그리고 **Operator +***를 혼합하여 **String**을 연결할 수 있습니다.

D2-4-03

```
>>> a = 'pine '
>>> b = 'apple '
>>> c = 'pen '
>>> c + a + (b * 2) + c
'pen pine apple apple pen '
```

'문장'으로 만들어 서로 연결할 수도 있습니다.
띄어쓰기도 ' '로 추가할 수 있습니다.

D2-4-04

```
>>> a = 'Hello.'
>>> b = 'My name is Joy.'
>>> a + ' ' + b
'Hello. My name is Joy.'
```

이상의 **String** 연산은 **print ( )** [프린트 펑션]과 함께 사용할 수 있습니다.

D2-4-05

```
>>> a = 'apple '
>>> print (a * 3)
apple apple apple
```

● **The Honey Tips** for **Coding** and **Computational Thinking**

● **The Very Basics** Of Python

● The Ultimate Beginners' Guide for Coding with Python

Data Type 2.
String 2-4 : Concatenating, Replication

 Coding Drill (코딩훈련 1.)

a = 'pine'과 b = 'apple'을 Operator + [오퍼레이터 플러스 : 더하기 연산자]를
사용하여 '연결'하고, print ( ) 해봅시다!

D2-4-d1

```
>>> a = 'pine'
>>> b = 'apple'
>>> print (a + b)
pineapple
```

 Coding Drill (코딩훈련 2.)

a = 'pine'과 b = 'apple'을 Operator +를 사용하여
a + b + b로 '연결'하고, print ( ) 해봅시다!

D2-4-d2

```
>>> a = 'pine'
>>> b = 'apple'
>>> print (a + b + b)
pineappleapple
```

 Coding Drill (코딩훈련 3.)

a = 'Bang '을 Operator * [오퍼레이터 멀티플라이 : 곱하기 연산자]를 사용하여
3번 '반복'하고, print ( ) 해봅시다!

● Read a chapter, then do interactive exercises to make your Python knowledge stick.

데이터타입 2. 스트링 2-4

: String도 + Plus로 합치거나, * Multiply로 반복할 수 있습니다.

D2-4-d3

```
>>> a = 'Bang '
>>> print (a * 3)
Bang Bang Bang
```

 Coding Drill (코딩훈련 4.)

a = 'Hi.'와 **b = 'My name is John Jo.'**를 **Operator +**를 사용하여
한 문장으로 '연결'하고, 사이에 띄어쓰기도 **' '**로 추가하여 **print ( )** 해봅시다!

D2-4-d4

```
>>> a = 'Hi.'
>>> b = 'My name is John Jo.'
>>> print (a + ' ' + b)
Hi. My name is John Jo.
```

 Coding Drill (코딩훈련 5.)

a = 'Hi'와 **b = 'Jo '**를 **+**를 사용하여 '연결'하고,
Jo를 *** 2**로 '반복'하여 **print ( )** 해봅시다!

D2-4-d5

```
>>> a = 'Hi'
>>> b = 'Jo '
>>> print (a + ' ' + b * 2)
Hi Jo Jo
```

● The Honey Tips for Coding and Computational Thinking

● The Very Basics Of Python

● Read a chapter, then do interactive exercises to make your Python knowledge stick.

● The Ultimate Beginners' Guide for Coding with Python

Data Type 2.
String 2-5 : Index

Data Type 2.
String 2-5 : Index
: '스트링'의 순서

String [스트링 : 문자열]은 **Character** [캐릭터 : 문자]들이
순서대로 줄을 지어 있는 것입니다.
String에서 **Index** [인덱스 : 색인/순서]는
Character의 순서를 숫자로 나타내는 것입니다.

String에 있는 **Character**의 순서를 **Index** 번호로 표시할 수 있습니다.
Python에서 '순서의 시작'은 **0**번부터입니다.
숫자를 마이너스로 표시하면 맨 뒤에서부터의 위치입니다.

P	y	t	h	o	n
0	1	2	3	4	5
-6	-5	-4	-3	-2	-1

그리고 **Index**를 표시할 때는
[ ] **Square Bracket** [스퀘어 브래킷 : 대괄호]을 사용합니다.
[ ] **Square Bracket**은 **Index Operator** [인덱스 오퍼레이터 : 색인 연산자]입니다.

데이터 타입 2. 스트링 2-5

: String에서 Index는 Character의 순서를 나타냅니다.

[ ] 안의 숫자가 문자의 위치입니다.
그래서 **[0]**이 처음이고, **[-1]**이 마지막입니다.
그러니까 좌측에서부터 셀 때는 **0**부터,
우측에서부터 셀 때는 **-1**부터 시작한다고 기억하면 됩니다.

D2-5-01
```
>>> a = 'My Python'
>>> a [0]
'M'
```

D2-5-02
```
>>> a = 'My Python'
>>> a [-1]
'n'
```

D2-5-03
```
>>> a = 'My Python'
>>> a [2]
' '
```

Index는 자리에 번호를 매긴 것이기 때문에
하나의 **Space [스페이스 : 공백]**도 한 자리를 차지합니다.
이상의 **Index**는 **print ( ) [프린트 펑션]**과 함께 사용할 수 있습니다.

D2-5-04
```
>>> a = 'My Python'
>>> print (a [-1])
n
```

● The Ultimate Beginners' Guide for Coding with Python

Data Type 2.
String 2-5 : Index

 Coding Drill (코딩훈련 1.)

String [스트링 : 문자열]의 **Index** [인덱스 : 색인/순서]를 확인해봅시다!
a = 'My Python'이라고 하고, **a**의 **1**번째 요소를 **print ( )** 해봅시다!

D2-5-d1

```
>>> a = 'My Python'
>>> print (a [1])
y
```

 Coding Drill (코딩훈련 2.)

String의 **Index**를 확인해봅시다!
a = 'My Python'이라고 하고, **a**의 **3**번째 요소를 **print ( )** 해봅시다!

D2-5-d2

```
>>> a = 'My Python'
>>> print (a [3])
P
```

 Coding Drill (코딩훈련 3.)

a = 'My Python'이라고 하고, **a**의 뒤에서 **2**번째 요소를 **print ( )** 해봅시다!

● Read a chapter, then do interactive exercises to make your Python knowledge stick.

데이터타입 2. 스트링 2-5

: String에서 Index는 Character의 순서를 나타냅니다.

D2-5-d3

```
>>> a = 'My Python'
>>> print (a [-2])
o
```

 Coding Drill (코딩훈련 4.)

a = 'My Python'이라고 하고, **a**의 뒤에서 **9**번째 요소를 **print ( )** 해봅시다!

D2-5-d4

```
>>> a = 'My Python'
>>> print (a [-9])
M
```

 Coding Drill (코딩훈련 5.)

a = 'My Python'이라고 하고, **a**의 **Space [스페이스 : 공백] Index**를 찾아
print ( ) 해봅시다! (아무것도 표시되지 않은 공백을 확인할 수 있습니다.)

D2-5-d5

```
>>> a = 'My Python'
>>> print (a [2])

>>>
```

● The Honey Tips for Coding and Computational Thinking

● The Very Basics Of Python

● Read a chapter, then do interactive exercises to make your Python knowledge stick.

● The Ultimate Beginners' Guide for Coding with Python

Data Type 2.
String 2-6 : Slicing

Data Type 2.
String 2-6 : Slicing

: '스트링'의 분할

Slicing [슬라이싱 : 자르기]은 문자열의 구간을 표시합니다.
Slicing은 [ ] **Square Bracket** [스퀘어 브래킷 : 대괄호] 안에
[x : y]로 표시하며 **: Colon** [콜런 : 쌍점]으로 구분합니다.
: Colon은 예를 들어 '1~3' (1에서 3까지)처럼 범위를 나타냅니다.

[x : y]에서 **x**는 시작점이며 **y**는 끝점입니다.
x에서부터 **y-1** 번째까지를 의미합니다.

[:] 그리고 이렇게 아무 표시가 없다면
이는 처음부터 끝까지 전부를 의미합니다.
[x :]는 **x**에서부터 끝까지이고,
[: y]는 처음부터 **y-1** 번째까지입니다.
그리고 **[-1]**처럼 음수로 쓰면,
뒤에서 첫 번째 자리를 나타냅니다.

a라는 **String 'Python'**에서
처음 두 글자 **Py**를 **Slicing** 해보겠습니다.

데이터 타입 2. 스트링 2-6

2-6

: String에서 Slicing은 문자열의 구간을 표시합니다.

```
>>> a = 'Python'
>>> a [0 : 2]
'Py'
```

D2-6-01

이번에는 **a**라는 String **'Python'**에서
뒤에서부터 두 번째 글자인 **o**를 **Slicing** 해보겠습니다.

```
>>> a = 'Python'
>>> a [-2 : -1]
'o'
```

D2-6-02

이상의 **Slicing**은 **print ( ) [프린트 펑션]**과 함께 사용할 수 있습니다.

```
>>> a = 'My Python'
>>> print (a [-1])
n
```

D2-6-03

● **The Honey Tips** for **Coding** and **Computational Thinking**

● **The Very Basics Of Python**

● The Ultimate Beginners' Guide for Coding with Python

Data Type 2.
String 2-6 : Slicing

 Coding Drill (코딩훈련 1.)

Python 다운로드 사이트 **'https://www.python.org'** 로 **Slicing**을 연습합니다.
a = 'https://www.python.org' 라고 하고, **a**의 **https://** 만 **print ( )** 해봅시다!

D2-6-d1

```
>>> a = 'https://www.python.org'
>>> print (a [0 : 8])
https://
```

 Coding Drill (코딩훈련 2.)

a = 'https://www.python.org' 라고 하고,
a의 **https://** 를 제외한 나머지를 **print ( )** 해봅시다!

D2-6-d2

```
>>> a = 'https://www.python.org'
>>> print (a [8 : ])
www.python.org
```

 Coding Drill (코딩훈련 3.)

a = 'https://www.python.org' 라고 하고,
a의 **.python.** 만 추출하여 **print ( )** 해봅시다!

데이터타입 2. 스트링 2-6

: **String**에서 **Slicing**은 문자열의 구간을 표시합니다.

D2-6-d3

```
>>> a = 'https://www.python.org'
>>> print (a [11 : 19])
.python.
```

 Coding Drill (코딩훈련 4.)

a = **'https://www.python.org'**라고 하고,
a의 **org**만 음수를 사용하여 **print ( )** 해봅시다!

D2-6-d4

```
>>> a = 'https://www.python.org'
>>> print (a [-3 : ])
org
```

 Coding Drill (코딩훈련 5.)

a = **'https://www.python.org'**라고 하고,
a 전체를 **print ( )** 해봅시다!

D2-6-d5

```
>>> a = 'https://www.python.org'
>>> print (a [ : ])
https://www.python.org
```

● The Honey Tips for Coding and Computational Thinking

● The Very Basics Of Python

● Read a chapter, then do interactive exercises to make your Python knowledge stick.

● The Ultimate Beginners' Guide for Coding with Python

Data Type 2.
String 2-7 : find, index, count

Data Type 2.
String 2-7 : find, index, count

: '스트링'의 찾기, 색인, 셈

Index [인덱스 : 색인/순서]를 알면 활용할 수 있는
String Method [스트링 메써드 : 문자열 메써드/방법]들이 있습니다.
find [파인드 : 찾기]와 **index** [인덱스 : 색인] 그리고
count [카운트 : 셈하기] **Method**가 그것입니다.

. find ( ) [닷 파인드 메써드]는 특정한 요소의 '위치'를 찾을 때 사용하며,
. index ( ) [닷 인덱스 메써드] 또한 특정한 요소의 '위치'를 찾을 때 사용하고,
. count ( ) [닷 카운트 메써드]는 특정한 요소의 '갯수'를 셀 때 사용합니다.
(**. Dot**은 **Delimiter** [델리미터 : 구분자]입니다.)
각각의 **( ) Round Bracket** [라운드 브래킷 : 소괄호] 안에 원하는 문자를 입력하면 됩니다.

. find ( )는 찾고자 하는 문자를 괄호 안에 입력하면, 그 위치를 알려줍니다.
이때 위치는 **0**부터 셈한 자리입니다.

D2-7-01

```
>>> a = 'Python'
>>> a . find ('P')
0
```

● Read a chapter, then do interactive exercises to make your Python knowledge stick.

데이터타입 2. 스트링 2-7

: Index를 알면 활용할 수 있는 **String Method**들이 있습니다.

그런데 다음처럼 대소문자를 구분하지 않으면,
결과값은 **-1**로 나오고, **-1**은 존재하지 않는다는 부정의 뜻입니다.

D2-7-02

```
>>> a = 'Python'
>>> a . find ('p')
-1
```

구간을 지정해서 찾을 수도 있습니다.
다음처럼 '시작'과 '마지막'의 위치를 표시하면 구간이 설정됩니다.
구간 안에 존재하면 위치가 표시되고 그렇지 않으면 **-1**로 표시됩니다.

D2-7-03

```
>>> a = 'Python'
>>> a . find ('t', 0, 3)
2
```

D2-7-04

```
>>> a = 'Python'
>>> a . find ('t', 4, 6)
-1
```

. **find ( )** 대신에 **. index ( )**를 사용해도 똑같은 결과를 얻을 수 있습니다.
. **index ( )**로 요소의 '위치'를 찾을 수 있습니다.
하지만 **. index ( )**는 찾는 문자열이 존재하지 않을 경우, 오류가 발생합니다.

● The Ultimate Beginners' Guide for Coding with Python

Data Type 2.
String 2-7 : find, index, count

D2-7-05

```
>>> b = 'Python'
>>> b . index ('P')
0
```

. **count ( )**는 찾고자 하는 문자를 괄호 안에 입력하면,
해당 문자가 얼마나 많은지 갯수를 알려줍니다.

D2-7-06

```
>>> c = 'My Python'
>>> c . count ('y')
2
```

. **count ( )**도 구간을 지정할 수 있습니다.
구간은 '시작과 끝'을 각각 콤마로 표시합니다.

D2-7-07

```
>>> c = 'My Python'
>>> c . count ('y', 3, 8)
1
```

이상의 **Method**는 **print ( )** [프린트 펑션]과 함께 사용할 수 있습니다.

● Read a chapter, then do interactive exercises to make your Python knowledge stick.

데이터타입 2.   스트링 2-7

: Index를 알면 활용할 수 있는 **String Method**들이 있습니다.

 Coding Drill (코딩훈련 1.)

a = 'Punch Python'이라고 하고, **. find ( )** [닷 파인드 메써드]를 사용하여
a에서 **'hon'**의 위치를 찾아 **print ( )** 해봅시다!

D2-7-d1

```
>>> a = 'Punch Python'
>>> print (a . find ('hon'))
9
```

 Coding Drill (코딩훈련 2.)

a = 'Punch Python'이라고 하고, **. find ( )**를 사용하여
a에서 **' ' Space [스페이스 : 공백]**의 위치를 찾아 **print ( )** 해봅시다!

D2-7-d2

```
>>> a = 'Punch Python'
>>> print (a . find (' '))
5
```

 Coding Drill (코딩훈련 3.)

a = 'Punch Python'이라고 하고, **. count ( )** [닷 카운트 메써드]를 사용하여
a에서 대문자 **'P'**의 갯수를 세어 **print ( )** 해봅시다!

● The Honey Tips for Coding and Computational Thinking

● The Very Basics Of Python

● The Ultimate Beginners' Guide for Coding with Python

Data Type 2.
String 2-7 : find, index, count

D2-7-d3

```
>>> a = 'Punch Python'
>>> print (a . count ('P'))
2
```

 Coding Drill (코딩훈련 4.)

a = **'Punch Python'**이라고 하고, **. count ( )**를 사용하여
a에서 소문자 **'p'**의 갯수를 세어 **print ( )** 해봅시다!

D2-7-d4

```
>>> a = 'Punch Python'
>>> print (a . count ('p'))
0
```

 Coding Drill (코딩훈련 5.)

a = **'Punch Python'**이라고 하고, **. find ( )**를 사용하여
a에서 **('t', 6, 9)**로 구간을 설정하여 **'t'**의 위치를 찾아 **print ( )** 해봅시다!

D2-7-d5

```
>>> a = 'Punch Python'
>>> print (a . find ('t', 6, 9))
8
```

● EASY
Learn How to Code Step by Step!

● SMART
Learn Python with the Compact Guide!

● QUICK
Learn Python in Short Way Ever!

● The Ultimate Beginners' Guide for Coding with Python

아! 잠깐만yo!
think like programer

YouTube 청취 테스트!

마침내 우리는 **Python**의 핵심 **Data Type** [데이터 타입 : 자료형태]인
Number [넘버 : 숫자]와 **String** [스트링 : 문자열]을 성공적으로 학습했습니다.

바로 이 시점에서 우리들 모두에게 한 가지 제안을 드립니다.
지금 당장 **YouTube**에서 **Python Tutorial for Beginner**라는
제목이 들어간 영어로 된 아무 강의를 골라 시험 삼아 청취해 보십시오.
우리가 배운 내용의 파트를 찾아 듣습니다.

들으실 때는 자막을 켜고 봐주십시오.
가급적 영어 네이티브의 강의면 더 좋겠습니다.

자! 그렇게 한 번 해보면 분명 들리고 보이는 단어들이
꽤 많다는 것을 느낄 수 있을 것입니다.
무엇보다도 **Python**의 **Coding** [코딩] 용어는 거의 알아 들을 수 있을 것입니다.

이렇게 우리의 방식으로 영어, 우리말 병용표기 학습을 단련해 간다면
우리는 조만간 머지 않은 시간 안에
우리가 필요한 프로그래밍 강좌를 영어로 통째 들을 수 있게 될 것입니다.
뿐만 아니라 영어로 된 더 높은 수준의 프로그래밍 강좌와 실전 개발 팁을
동시에 얻을 수 있는 대문이 활짝 열리는 것이고요.

그렇기 때문에 '지금 우리는 제대로 달리고 있습니다!'

● The Honey Tips for Coding and Computational Thinking

● The Very Basics Of Python

● Read a chapter, then do interactive exercises to make your Python knowledge stick.

● The Ultimate Beginners' Guide for Coding with Python
Data Type 2.
String 2-8 : is- Method

Data Type 2.
String 2-8 : is- Method

: is- 메써드

. is- ( ) [닷 이즈 메써드]는 몇 가지 안되는
String [스트링 : 문자열] 전용 **Method** [메써드 : 방법]입니다.
영어의 **be** 동사 **is-** [이즈 : ~이다]와 조합한 **Method**입니다.

is-에서 알 수 있듯이 **is**는 '상태/존재'를 나타내기 때문에
어떤 특정한 상태를 확인하려고 만든 **Method**입니다.
사용방법은 매우 간단합니다.

> **a . isalpha ( )**

'a는 alpha **Alphabet** [알파벳 : 영문자]이다.'라고 했을 때
Python은 '참'이면 **True** [트루 : 참],
'거짓'이면 **False** [펄스 : 거짓]라고 대답하게 됩니다.

마치 '**is** 의문문'으로 사실 여부를 확인하는 것과 같기 때문에 결과는
맞으면 **True**, 틀리면 **False**로 나옵니다.

데이터 타입 2. 스트링 2-8

: . is- ( )는 몇 안되는 String 전용 Method 중의 하나입니다.

이렇게 '맞았다!/틀렸다!' **True**, **False**로 답하는 방식을
Boolean Expression [불리언 익스프레션 : 불의 표현식]이라고 합니다.
이는 수학자 **George Boole** [조지 불]이 만든 표현식에서 따온 이름입니다.
간단하게 **Boolean** 또는 **Boole**이라고도 합니다.

대표적인 **is- Method**로는 다음과 같은 것들이 있습니다.

. **isalpha ( )** [닷 이즈알파 메써드]는 **Object** [업젝트 : 대상]가 모두 '알파벳'인지를 확인합니다.
. **isnumeric ( )** [닷 이즈뉴메릭 메써드]는 **Object**가 모두 '숫자'인지를 확인합니다.
. **isalnum ( )** [닷 이즈알넘 메써드]는 **Object**가 모두 '알파벳과 숫자'로 이루어진
것인지를 확인합니다.
. **isspace ( )** [닷 이즈스페이스 메써드]는 **Object**가 모두 '공백'인지를 확인합니다.
. **islower ( )** [닷 이즈로우어 메써드]는 **Object**가 모두 '소문자'인지를 확인합니다.
. **isupper ( )** [닷 이즈어퍼 메써드]는 **Object**가 모두 '대문자'인지를 확인합니다.
. **istitle ( )** [닷 이즈타이틀 메써드]는 **Object**가 '제목체'인지를 확인합니다.
영어에서 **title**이란 모든 단어의 첫글자를 '대문자'로 표기하는 것을 말합니다.

한 가지씩 차례로 확인해 보겠습니다.

D2-8-01

```
>>> 'abcd' . isalpha ()
True
```

D2-8-02

```
>>> 'abc123' . isalnum ()
True
```

The Honey Tips for Coding and Computational Thinking   ● The Very Basics Of Python

● The Ultimate Beginners' Guide for Coding with Python

Data Type 2.
String 2-8 : is- Method

D2-8-03

```
>>> '    ' . isspace ()
True
```

D2-8-04

```
>>> 'a b c d' . islower ()
True
```

D2-8-05

```
>>> 'A B C D' . isupper ()
True
```

D2-8-06

```
>>> 'This Is Python' . istitle ()
True
```

그러나 지정한 것 이외의 구성요소(기호/공백) 등이
포함되어 있다면 '거짓'이 됩니다.

D2-8-07

```
>>> 'ab cd' . isalpha ()
False
```

D2-8-08

```
>>> 'abc123!' . isalnum ()
False
```

D2-8-09

```
>>> 'a b 1 2 ' . isspace ()
False
```

데이터타입 2. 스트링 2-8

: . is- ( )는 몇 안되는 **String** 전용 **Method** 중의 하나입니다.

D2-8-10
```
>>> 'a b c D' . islower ()
False
```

D2-8-11
```
>>> 'A B C d' . isupper ()
False
```

D2-8-12
```
>>> 'This is Python' . istitle ()
False
```

이상의 **Method**는 **print ( )** [프린트 펑션]과 함께 사용할 수 있습니다.

D2-8-13
```
>>> a = 'This Is Python'
>>> print (a . istitle ())
True
```

백과사전 100권 분량의 **Text Data** [텍스트 데이터 : 문서 자료]에서
특정 **String**을 검색할 때 **. is- ( )** [닷 이즈 메써드]의 위력은
엄청날 수밖에 없습니다.

이런 다양한 기능들을 익혀나가는 것이
Programing [프로그래밍] 학습에 다름 아닌 것이고요.

● The Honey Tips for Coding and Computational Thinking

● The Very Basics Of Python

● The Ultimate Beginners' Guide for Coding with Python

Data Type 2.
String 2-8 : is- Method

 Coding Drill (코딩훈련 1.)

a = 'Hello, Python'이라고 하고, **. isalpha ( )** [닷 이즈알파 메써드]를 사용하여
a가 모두 '알파벳'인지 **print ( )** 해봅시다!

D2-8-d1

```
>>> a = 'Hello, Python'
>>> print (a . isalpha ())
False
```

 Coding Drill (코딩훈련 2.)

b = '2020.02.22'라고 하고, **. isnumeric ( )** [닷 이즈뉴메릭 메써드]를 사용하여
b가 모두 '숫자'인지 **print ( )** 해봅시다!

D2-8-d2

```
>>> b = '2020.02.22'
>>> print (b . isnumeric ())
False
```

 Coding Drill (코딩훈련 3.)

c = 'PYTHON3'라고 하고, **. isalnum ( )** [닷 이즈알넘 메써드]를 사용하여
c가 모두 '알파벳과 숫자'인지 **print ( )** 해봅시다!

● We can learn **complete primary skills** of **Python** fast and fun.

● Python Tutorial for Absolute Beginners

데이터타입 2.   스트링 2-8

: . is- ( )는 몇 안되는 String 전용 Method 중의 하나입니다.

D2-8-d3

```
>>> c = 'PYTHON3'
>>> print (c . isalnum ())
True
```

 Coding Drill (코딩훈련 4.)

d = 'my Python'이라고 하고, . islower ( ) [닷 이즈로우어 메써드]를 사용하여
d가 모두 '소문자'인지 print ( ) 해봅시다!

D2-8-d4

```
>>> d = 'my Python'
>>> print (d . islower ())
False
```

Coding Drill (코딩훈련 5.)

e = 'I Love Python!'이라고 하고, . istitle ( ) [닷 이즈타이틀 메써드]를 사용하여
e가 '제목체'인지 print ( ) 해봅시다!

D2-8-d5

```
>>> e = 'I Love Python!'
>>> print (e . istitle ())
True
```

● The Honey Tips for **Coding** and **Computational Thinking**

● The Very Basics Of Python

● EASY
Learn How to Code Step by Step!

● SMART
Learn Python with the Compact Guide!

● QUICK
Learn Python in Short Way Ever!

● The Ultimate Beginners' Guide for Coding with Python

아! 잠깐만yo!
think like programer

Programing Language == Foreign Language

Python은 물론 **Programing Language**
[프로그래밍 랭귀지 : 프로그램 언어] 거의 대부분은
'대문자를 소문자로 바꾸거나,
대문자로 시작하는 문장으로 바꾸는'
Function [펑션 : 기능/함수]이나
Method [메써드 : 방법]들이 있습니다.

PROGRAMING
LANGUAGE

이것만 보더라도
Programing Language라는 것이
얼마나 '영어 기반적'인지 알 수 있습니다.

때문에 우리는 **Programing** 학습을 위해
Computational Thinking
[컴퓨테이셔널 씽킹 : 컴퓨팅 사고력]
뿐만 아니라 자연어,
즉 영어에 대한 이해 또한 필요합니다.

*** **Computational Thinking**은
컴퓨터처럼 복잡한 문제를 단순화하고,
효율적/논리적으로 해결하는 능력입니다.

Code
today
and make
someone
smile
tomorrow.

A string is a series of characters, surrounded by quotes.
String [스트링 : 문자열]은 따옴표로 묶인 일련의 문자입니다.

● Read a chapter, then do interactive exercises to make your Python knowledge stick.

● The Ultimate Beginners' Guide for Coding with Python

Data Type 2.
String 2-9 : startswith, endswith

Data Type 2.
String 2-9 : startswith, endswith

: startswith와 endswith

We can learn **complete primary skills** of **Python fast** and **fun.**

Python Tutorial for Absolute Beginners

실제 빅데이터 작업 현장에서 유용한 **String Method**
[스트링 메써드 : 문자열 방법] 2가지를 소개합니다.

. startswith ( ) [닷 스타츠위드 : ~으로 시작하는] **Method**는
특정한 문자열로 시작하는 요소의 존재를 확인합니다.
. endswith ( ) [닷 엔즈위드 : ~으로 끝나는] **Method**는
특정한 문자열로 끝나는 요소의 존재를 확인합니다.
방대한 양의 **Data** [데이터 : 자료]에서 특정 요소의
존재를 확인하는데 유용한 **String Method**입니다.

> a . startswith ( )
>
> a . endswith ( )

존재의 여부를 확인하는 것이기 때문에
존재하면 **True** [트루 : 참],
존재하지 않으면 **False** [펄스 : 거짓]로 결과가 나옵니다.

● Read a chapter, then do interactive exercises to make your Python knowledge stick.

데이터타입 2. 스트링 2-9

: 빅데이터 현장에서 유용한 **String Method** 2가지가 있습니다.

2-9

. startswith ( ) Method부터 알아보겠습니다.
( ) Round Bracket [라운드 브래킷 : 소괄회] 안에 찾는 문자열을 넣습니다.
이때 대소문자는 구분되며, 공백도 인식합니다.

D2-9-01
```
>>> 'My Python' . startswith ('M')
True
```

D2-9-02
```
>>> 'My Python' . startswith ('m')
False
```

D2-9-03
```
>>> 'My Python' . startswith ('P')
False
```

특정 위치나 구간을 정해 시작점을 지정할 수도 있습니다.
위치는 **0**번째부터 셉니다. 구간은 시작점(**y**)과 마지막점(**z**)을 숫자로 표시합니다.
시작은 반드시 **y**로 시작하고, **y**와 **z** 구간 내에서 시작하면 **True**입니다.

a . startswith (x, y, z)

D2-9-04
```
>>> 'My Python' . startswith ('Py' , 3)
True
```

● **The Honey Tips** for **Coding** and **Computational Thinking**

● The Very Basics Of Python

● The Ultimate Beginners' Guide for Coding with Python

Data Type 2.
String 2-9 : startswith, endswith

D2-9-05

```
>>> 'My Python' . startswith ('Py' , 3 , 5)
True
```

다음은 **. endswith ( ) Method**를 알아보겠습니다.
( ) Round Bracket 안에 찾는 문자열을 넣습니다.
어떤 문자열로 끝나는지를 확인하며, 구두점이나 공백도 인식합니다.

D2-9-06

```
>>> 'I love Python' . endswith ('n')
True
```

D2-9-07

```
>>> 'I love Python' . endswith ('hon')
True
```

D2-9-08

```
>>> 'I love Python' . endswith (' ')
False
```

특정 위치나 구간을 정해 마지막 지점을 지정할 수도 있습니다.
위치는 **0**번째부터 셉니다. 구간은 시작점(**y**)과 마지막점(**z**)을 숫자로 표시합니다.
끝은 반드시 **z**로 끝나고, **y**와 **z** 구간 내에서 끝나면 **True**입니다.
마지막점(**z**)은 **z - 1**로 계산됩니다.

● Read a chapter, then do interactive exercises to make your Python knowledge stick.

데이터타입 2. 스트링 2-9

: 빅데이터 현장에서 유용한 **String Method** 2가지가 있습니다.

2-9

a . endswith (x, y, z)

D2-9-09

```
>>> 'I love Python' . endswith ('hon' , 10)
True
```

D2-9-10

```
>>> 'I love Python' . endswith ('hon' , 10, 13)
True
```

이상의 **Method**는 **print ( )** [프린트 펑션]과 함께 사용할 수 있습니다.

D2-9-11

```
>>> a = 'I love Python'
>>> print (a . endswith ('n'))
True
```

● The Honey Tips for **Coding** and **Computational Thinking**

● The Very Basics Of Python

● The Ultimate Beginners' Guide for Coding with Python

Data Type 2.
String 2-9 : startswith, endswith

 Coding Drill (코딩훈련 1.)

a = 'Hello Python'이라고 하고, **. startswith ( )** [닷 스타츠위드 : ~으로 시작하는]를
사용하여 **a**가 **'Hell'**로 시작하는지 **print ( )** 해봅시다!

D2-9-d1

```
>>> a = 'Hello Python'
>>> print (a . startswith ('Hell'))
True
```

Coding Drill (코딩훈련 2.)

a = 'Hello Python'이라고 하고, **. startswith ( )**를 사용하여
a에서 **'th'**가 **8**번째 위치에서 시작하는지 **print ( )** 해봅시다!

D2-9-d2

```
>>> a = 'Hello Python'
>>> print (a . startswith ('th' , 8))
True
```

Coding Drill (코딩훈련 3.)

a = 'Hello Python'이라고 하고, **. startswith ( )**를 사용하여
a에서 **'lo'**가 **3**번째에서 시작해서 **7**번째까지 사이에 있는지 **print ( )** 해봅시다!

데이터 타입 2. 스트링 2-9

: 빅데이터 현장에서 유용한 **String Method** 2가지가 있습니다.

D2-9-d3

```
>>> a = 'Hello Python'
>>> print (a . startswith ('lo' , 3 , 7))
True
```

Coding Drill (코딩훈련 4.)

b = 'Python World!'라고 하고, **. endswith ( )** [닷 엔즈위드 : ~으로 끝나는]를 사용하여
b에서 **'!'**로 끝나는지 **print ( )** 해봅시다!

D2-9-d4

```
>>> b = 'Python World!'
>>> print (b . endswith ('!'))
True
```

Coding Drill (코딩훈련 5.)

b = 'Python World!'라고 하고, **. endswith ( )**를 사용하여
b에서 **'on'**이 **4**번째와 **6**번째 사이에서 끝나는지 **print ( )** 해봅시다!

D2-9-d5

```
>>> b = 'Python World!'
>>> print (b . endswith ('on' , 4 , 6))
True
```

● The Honey Tips for **Coding** and **Computational Thinking**

● The Very Basics Of Python

● Read a chapter, then do interactive exercises to make your Python knowledge stick.

● The Ultimate Beginners' Guide for Coding with Python
Data Type 3.
List 3-1 : list

Data Type 3.
List 3-1 : list

: '리스트'

우리들의 세 번째 **Data Type** [데이터 타입 : 자료형태]은
List [리스트 : 목록]입니다.
'쇼핑 리스트', '투 두 리스트', '머스트 해브 리스트'라고
할 때의 바로 그 **List**입니다.

List는 **Object** [업젝트 : 대상]들을 담고 있는 목록입니다.
그래서 **List**를 **Container Type** [컨테이너 타입 : 저장형] **Data**라고 합니다.

List는 **Object**를 한 곳에 정리해 두어 찾기 쉽고 관리가 쉽습니다.
사용과 접근이 용이해서 **List**는 우리가 이후에 계속해서 다루게 될
다른 어떤 **Data Type**보다도 사용 범위가 넓습니다.
List가 가장 유용하다는 뜻이기도 합니다.

List를 만드는 방법은
[ ] Square Bracket [스퀘어 브래킷 : 대괄호]을 사용합니다.
List 안의 각각의 **Item** [아이템 : 요소]들은
, Comma [카마 : 쉼표]로 구분하여 나열합니다.

데이터 타입 3. 리스트 3-1

: List는 Object들을 담고 있는 목록입니다.

3-1

그러니까 **List**는 **[ ]** 안에 **Object**들이 구분되어 나열된 형태입니다.

D3-1-01

```
>>> list = ['a', 'b', 'c']
```

List Data로 바꾸는 방법이 있습니다.
List Function [리스트 펑션 : 목록 기능/함수]을 사용하면 됩니다.

D3-1-02

```
>>> list ('banana')
['b', 'a', 'n', 'a', 'n', 'a']
```

String [스트링 : 문자열]이었던 **'banana'**가
list ( ) Function을 통해 **['b', 'a', 'n', 'a', 'n', 'a']**라는
6개의 문자로 된 **List Data**가 되었습니다.
그래서 **Data**의 **Type**을 **type ( ) Function**을 통해 확인하면
다음과 같이 종류가 **'list'**라는 것을 알 수 있습니다.

D3-1-03

```
>>> type (['b', 'a', 'n', 'a', 'n', 'a'])
<class 'list'>
```

● The Ultimate Beginners' Guide for Coding with Python

Data Type 3.
List 3-1 : list

 Coding Drill (코딩훈련 1.)

'Python'이라는 **String** [스트링 : 문자열]을
list ( ) Function [리스트 펑션 : 목록 기능/함수]으로 바꾸어 봅시다!

D3-1-d1

```
>>> list ('Python')
['P', 'y', 't', 'h', 'o', 'n']
```

 Coding Drill (코딩훈련 2.)

['P', 'y', 't', 'h', 'o', 'n']이라는 **Data**의 **Type**을
type ( ) Function [타입 펑션 : 유형 기능/함수]으로 확인해봅시다!

D3-1-d2

```
>>> type (['P', 'y', 't', 'h', 'o', 'n'])
<class 'list'>
```

 Coding Drill (코딩훈련 3.)

fruits = ['apple', 'banana', 'melon']이라는 **List**를 만들고,
fruits를 **print ( )** 해봅시다!

● We can learn **complete primary skills** of **Python fast** and **fun.**

● **Python Tutorial** for **Absolute Beginners**

데이터 타입 3. 리스트 3-1

: List는 Object들을 담고 있는 목록입니다.

D3-1-d3

```
>>> fruits = ['apple', 'banana', 'melon']
>>> print (fruits)
['apple', 'banana', 'melon']
```

 Coding Drill (코딩훈련 4.)

colors = ['red', 'green', 'blue', 'white']라는 List를 만들고,
colors를 print ( ) 해봅시다!

D3-1-d4

```
>>> colors = ['red', 'green', 'blue', 'white']
>>> print (colors)
['red', 'green', 'blue', 'white'].
```

 Coding Drill (코딩훈련 5.)

cities = ['London', 'Paris', 'Berlin']이라는 List를 만들고,
cities를 print ( ) 해봅시다!

D3-1-d5

```
>>> cities = ['London', 'Paris', 'Berlin']
>>> print (cities)
['Lodon', 'Paris', 'Berlin']
```

● The Honey Tips for Coding and Computational Thinking

● The Very Basics Of Python

● Read a chapter, then do interactive exercises to make your Python knowledge stick.

● The Ultimate Beginners' Guide for Coding with Python
Data Type 3.
List 3-2 : Index, del

Data Type 3.
List 3-2 : Index, del
: '리스트'의 색인과 삭제

List [리스트 : 목록]를 만들 때 List Name [리스트 네임 : 목록 이름]은
가급적 복수형의 -s를 붙이는 것이 좋습니다.
알아보기도 쉽고 잘 구분되기 때문입니다.

List는 [ ] Square Bracket [스퀘어 브래킷 : 대괄호] 안에
, Comma [카마 : 쉼표]로 구분하여 나열합니다.
그리고 print ( )로 출력하면 List가 나옵니다.
fruits라는 '과일 리스트'를 만들어보겠습니다.

D3-2-01

```
>>> fruits = ['apple', 'banana', 'melon']
>>> print (fruits)
['apple', 'banana', 'melon']
```

List 안의 Item [아이템 : 요소]의 순서는 [숫자]로 표시합니다.
순서를 숫자로 표시하는 것을 Index [인덱스 : 색인/순서]라고 합니다.
List의 Index는 항상 0번부터 시작합니다.
Index에서 [-1]은 맨 마지막 Item을 나타냅니다.

데이터타입 3. 리스트 3-2

: List는 [ ] Square Bracket 안에 , Comma로 구분 나열합니다.

D3-2-02

```
>>> fruits = ['apple', 'banana', 'melon']
>>> print (fruits [0])
apple
```

D3-2-03

```
>>> fruits = ['apple', 'banana', 'melon']
>>> print (fruits [-1])
melon
```

List 안의 **Item**의 삭제는 **del ( ) Function** [델 펑션 : 삭제 기능/함수]을 사용합니다.
del [델]은 **Delete** [딜리트 : 삭제]의 약자입니다.

삭제하는 방법은 **del (List [4])** 처럼 표현하며,
[ ] 안에는 삭제할 **Item**의 위치를 '숫자'로 표시하면 됩니다.
물론 **0**부터 시작해서 계산한 위치입니다.

D3-2-04

```
>>> fruits = ['apple', 'banana', 'melon']
>>> del (fruits [1])
>>> fruits
['apple', 'melon']
```

del (List [x]) 하면 **x**번째 요소는 더 이상 **List**에 존재하지 않게 됩니다.

● Read a chapter, then do interactive exercises to make your Python knowledge stick.

● The Ultimate Beginners' Guide for Coding with Python

Data Type 3.
List 3-2 : Index, del

 Coding Drill (코딩훈련 1.)

myShopping = ['phone', 'camera', 'bag']이라는 '나의 쇼핑' **List**를 만들고,
myShopping의 **[0]**번째 요소를 확인해봅시다!

D3-2-d1

```
>>> myShopping = ['phone', 'camera', 'bag']
>>> print (myShopping [0])
phone
```

 Coding Drill (코딩훈련 2.)

myShopping = ['phone', 'camera', 'bag']이라는 '나의 쇼핑' **List**를 만들고,
myShopping의 **[-1]**번째 요소를 **print ( )** 해봅시다!

D3-2-d2

```
>>> myShopping = ['phone', 'camera', 'bag']
>>> print (myShopping [-1])
bag
```

 Coding Drill (코딩훈련 3.)

workers = ['Tom', 'John', 'Smith']라는 '작업자들' **List**를 만들고,
'The worker is'(작업자는 ~입니다)는 **workers**의 **[-1]**번째라고 **print ( )** 해봅시다!

데이터타입 3. 리스트 3-2

: List는 [ ] Square Bracket 안에, Comma로 구분 나열합니다.

D3-2-d3

```
>>> workers = ['Tom', 'John', 'Smith']
>>> print ('The worker is', workers [-1])
The worker is Smith
```

 Coding Drill (코딩훈련 4.)

workers = ['Tom', 'John', 'Smith']라는 '작업자들' **List**를 만들고, **workers**의 **[1]**번째가 **'works today.'** (~가 오늘 근무합니다.)라고 **print ( )** 해봅시다!

D3-2-d4

```
>>> workers = ['Tom', 'John', 'Smith']
>>> print (workers [1], 'works today.')
John works today.
```

 Coding Drill (코딩훈련 5.)

myShopping = ['phone', 'camera', 'bag']이라는 '나의 쇼핑' **List**를 만들고, **'My best item is !'** (나의 베스트 아이템은 ~이다!)는 **[2]**번째라고 **print ( )** 해봅시다!

D3-2-d5

```
>>> myShopping = ['phone', 'camera', 'bag']
>>> print ('My best item is', myShopping [2], '!')
My best item is bag !
```

The Honey Tips for Coding and Computational Thinking

The Very Basics Of Python

● Read a chapter, then do interactive exercises to make your Python knowledge stick.

● The Ultimate Beginners' Guide for Coding with Python

Data Type 3.
List 3-3 : len, max, min

Data Type 3.
List 3-3 : len, max, min

: '리스트'의 길이, 최대치, 최소치

우리가 앞서 **Data Type 2.**의 **String** [스트링 : 문자열]에서 배웠던
각종 **Function** [펑션 : 기능/함수]들을
List Data Type에도 사용할 수 있습니다.
즉 **len ( )** [렌 : 길이], **max ( )** [맥스 : 최대치], **min ( )** [민 : 최소치]을
구하는 **Function**을 그대로 적용할 수 있습니다.

하나씩 살펴보겠습니다.
제일 먼저 **len ( )** [렌] **Function**으로 **Length** [렝스 : 길이]를 구합니다.
List에서 '길이'란 요소의 '갯수'를 의미합니다.
직접 구하는 것에서 **print ( )** 하는 것까지 차례로 소개합니다.

D3-3-01

```
>>> len (['dog', 'cat', 'bird'])
3
```

D3-3-02

```
>>> a = ['dog', 'cat', 'bird']
>>> len (a)
3
```

데이터 타입 3. 리스트 3-3

: List Data Type의 len ( ), max ( ), min ( ) Function 사용법!

3-3

D3-3-03

```
>>> a = ['dog', 'cat', 'bird']
>>> print (len (a))
3
```

다음은 **max ( )** [맥스] **Function**으로 **Maximum** [맥시멈 : 최대치]을 구합니다.
List에서 '최대치'란 알파벳 순서 상 나중에 나오는 요소를 말하며,
'숫자'보다 '알파벳'이 큽니다.
직접 구하는 것에서 **print ( )** 하는 것까지 차례로 소개합니다.

D3-3-04

```
>>> max (['dog', 'cat', 'bird'])
'dog'
```

D3-3-05

```
>>> a = ['dog', 'cat', 'bird']
>>> max (a)
'dog'
```

D3-3-06

```
>>> a = ['dog', 'cat', 'bird']
>>> print (max (a))
dog
```

● The Honey Tips for Coding and Computational Thinking

● The Very Basics Of Python

● Read a chapter, then do interactive exercises to make your Python knowledge stick.

● The Ultimate Beginners' Guide for Coding with Python

Data Type 3.
List 3-3 : len, max, min

다음은 **min ( )** [민] **Function**으로 **Minimum** [미니멈 : 최소치]을 구합니다.

List에서 '최소치'란 알파벳 순서 상 먼저 나오는 요소를 말하며,
'숫자'가 '알파벳'보다 작습니다.

직접 구하는 것에서 **print ( )** 하는 것까지 차례로 소개합니다.

D3-3-07

```
>>> min (['dog', 'cat', 'bird'])
'bird'
```

D3-3-08

```
>>> a = ['dog', 'cat', 'bird']
>>> min (a)
'bird'
```

D3-3-09

```
>>> a = ['dog', 'cat', 'bird']
>>> print (min (a))
bird
```

데이터타입3. 리스트3-3

: List Data Type의 len ( ), max ( ), min ( ) Function 사용법!

● The Honey Tips for Coding and Computational Thinking

● The Very Basics Of Python

 Coding Drill (코딩훈련 1.)

myShopping = ['phone', 'camera', 'bag']이라는 '나의 쇼핑' List를 만들고,
len ( ) [렌] Function을 사용하여 myShopping의 '길이'를 print ( ) 해봅시다!

D3-3-d1

```
>>> myShopping = ['phone', 'camera', 'bag']
>>> print (len (myShopping))
3
```

 Coding Drill (코딩훈련 2.)

myShopping = ['phone', 'camera', 'bag']이라는 '나의 쇼핑' List를 만들고,
max ( ) [맥스] Function을 사용하여 myShopping의 '최대치'를 print ( ) 해봅시다!

D3-3-d2

```
>>> myShopping = ['phone', 'camera', 'bag']
>>> print (max (myShopping))
phone
```

 Coding Drill (코딩훈련 3.)

myShopping = ['phone', 'camera', 'bag']이라는 '나의 쇼핑' List를 만들고,
min ( ) [민] Function을 사용하여 myShopping의 '최소치'를 print ( ) 해봅시다!

● The Ultimate Beginners' Guide for Coding with Python

Data Type 3.
List 3-3 : len, max, min

D3-3-d3

```
>>> myShopping = ['phone', 'camera', 'bag']
>>> print (min (myShopping))
bag
```

 Coding Drill (코딩훈련 4.)

myShopping = ['6G phone', 'camera', '4K TV']라는 '나의 쇼핑' **List**를 만들고,
max ( ) Function을 사용하여 **myShopping**의 '최대치'를 **print ( )** 해봅시다!

D3-3-d4

```
>>> myShopping = ['6G phone', 'camera', '4K TV']
>>> print (max (myShopping))
camera
```

 Coding Drill (코딩훈련 5.)

myShopping = ['6G phone', 'camera', '4K TV']라는 '나의 쇼핑' **List**를 만들고,
min ( ) Function을 사용하여 **myShopping**의 '최소치'를 **print ( )** 해봅시다!

D3-3-d5

```
>>> myShopping = ['6G phone', 'camera', '4K TV']
>>> print (min (myShopping))
4K TV
```

● EASY
Learn How to Code Step by Step!

● SMART
Learn Python with the Compact Guide!

● QUICK
Learn Python in Short Way Ever!

● The Ultimate Beginners' Guide for Coding with Python

아! 잠깐만yo!
think like programer

나만의 **Function** 만들기!
How to create My Function

필요한 **Function** [펑션 : 함수/기능]을 내가 직접 만들 수 있습니다.
만드는 방법은 간단합니다. 딱! 두 가지만 하면 됩니다.
첫째, 나의 **Function**을 정의하고,
둘째, 어떤 값이 나오게 할지를 정하면 됩니다.

그러면 나만의 '더하기' **Function**을 만들어보겠습니다.
먼저 **Function**을 **Definition** [데삐니션 : 정의]해야 합니다.
형식은 **def** 이름 **( ) :** 입니다.
이름은 가능하면 간단하게 그러면서도 짐작 가능한 것으로 만듭니다.
(예 : **myPlus, myMinus** 등)

( ) Round Bracket [라운드 브래킷 : 소괄호] 안에는
각각의 **Parameter** [패러미터 : 매개변수]를 넣습니다.
그리고 **: Colon** [콜런 : 쌍점]으로 **Definition**을 시작합니다.

```
>>> def myPlus (a, b) :
```

● The Honey Tips for Coding and Computational Thinking

● The Very Basics Of Python

● EASY
Learn How to Code Step by Step!

● SMART
Learn Python with the Compact Guide!

● QUICK
Learn Python in Short Way Ever!

● The Ultimate Beginners' Guide for Coding with Python

아! 잠깐만yo!
think like programer

다음은 어떤 값이 반환될지를 정합니다.
반환값은 **return** [리턴 : 반환/리턴]으로 나타냅니다.
return은 탭으로 들여 쓰기 합니다.
더하기 **Function**이니까 더하기 공식을 만듭니다.

```
...    return a + b
```

이렇게 하면 완성입니다. 그래서 **Function**을 정의한 후, 다음처럼 **myPlus (1, 2)**만
입력해도 내가 정의한 더하기 **Function**이 작동하게 됩니다.

```
>>> def myPlus (a, b) :
...    return a + b
...
>>> myPlus (1, 2)
3
```

```
>>> def myPlus (a, b) :
...    return a + b
...
>>> print (myPlus (1, 2))
3
```

■ 144   Learn Python well and fast with the compact
beginners' guide on Python programing.

■ Python Tutorial for Absolute Beginners

We can learn complete primary skills of Python fast and fun.

● Python Tutorial for Absolute Beginners

LIST

A list stores a series of items in a particular order.

List [리스트 : 목록]는 일련의 **Item** [아이템 : 항목]들을
특정한 순서로 저장합니다.

● Read a chapter, then do interactive exercises to make your Python knowledge stick.

● The Ultimate Beginners' Guide for Coding with Python
Data Type 3.
List 3-4 : Slicing, Step

Data Type 3.
List 3-4 : Slicing, Step
: '리스트'의 분할과 스텝

List [리스트 : 목록]를 Slicing [슬라이싱 : 자르기] 할 수 있습니다.
Item [아이템 : 요소]의 구간을 표시하는 것이 List의 Slicing입니다.

Slicing은 [ ] Square Bracket [스퀘어 브래킷 : 대괄호] 안에
[x : y]의 형식으로 표시하며, x는 '시작점', y는 '마지막점'을 나타냅니다.
: Colon [콜런 : 쌍점]은 범위를 나타냅니다.

D3-4-01

```
>>> a = ['Washing', 'Cleaning', 'Checking', 'Banking']
>>> a [0 : 2]
['Washing', 'Cleaning']
```

D3-4-02

```
>>> a = ['Washing', 'Cleaning', 'Checking', 'Banking']
>>> print (a [0 : 2])
['Washing', 'Cleaning']
```

[0 : 2]는 0번째부터 2-1번째까지를 표시합니다.
[:]처럼 아무 숫자도 표시하지 않으면 전체를 의미합니다.

데이터 타입 3.   리스트 3-4

: List를 [x : y]의 형식으로 **Slicing** 할 수 있습니다.

D3-4-03

```
>>> a = ['Washing', 'Cleaning', 'Checking', 'Banking']
>>> a [ : ]
['Washing', 'Cleaning', 'Checking', 'Banking']
```

D3-4-04

```
>>> a = ['Washing', 'Cleaning', 'Checking', 'Banking']
>>> print (a [ : ])
['Washing', 'Cleaning', 'Checking', 'Banking']
```

그리고 **List**를 Step **[스텝 : 건너뛰기]** 할 수도 있습니다.
Step 하고 싶은 만큼 숫자를 입력하면 됩니다.

[x : y : z] 하면 **x**는 시작점, **y**는 **y-1**의 끝점,
그리고 **z**는 건너뛰는 범위/방식이 되겠습니다.

[: : 2] 는 전체를 출력하되,
'처음을 시작으로 두 번째 간격마다 말하라!'는 뜻입니다.

D3-4-05

```
>>> b = ['Washing', 'Cleaning', 'Checking', 'Banking', 'Sleeping']
>>> b [ : : 2]
['Washing', 'Checking', 'Sleeping']
```

D3-4-06

```
>>> b = ['Washing', 'Cleaning', 'Checking', 'Banking', 'Sleeping']
>>> print (b [ : : 2])
['Washing', 'Checking', 'Sleeping']
```

The Honey Tips for Coding and Computational Thinking

The Very Basics Of Python

● The Ultimate Beginners' Guide for Coding with Python

Data Type 3.
List 3-4 : Slicing, Step

 Coding Drill (코딩훈련 1.)

toDo = ['Washing', 'Cleaning', 'Checking', 'Banking']이라는 '투두' **List**를
만들고, **toDo**의 **[1 : 3]** 구간을 Slicing 하여 **print ( )** 해봅시다!

D3-4-d1

```
>>> toDo = ['Washing', 'Cleaning', 'Checking', 'Banking']
>>> print (toDo [1 : 3])
['Cleaning', 'Checking']
```

 Coding Drill (코딩훈련 2.)

toDo = ['Washing', 'Cleaning', 'Checking', 'Banking']이라는 '투두' **List**를
만들고, **toDo**의 **[: -2]** 구간을 Slicing 하여 **print ( )** 해봅시다!

D3-4-d2

```
>>> toDo = ['Washing', 'Cleaning', 'Checking', 'Banking']
>>> print (toDo [ : -2])
['Washing', 'Cleaning']
```

 Coding Drill (코딩훈련 3.)

toDo = ['Washing', 'Cleaning', 'Checking', 'Banking']이라는 '투두' **List**를
만들고, **toDo**의 **[2 :]** 구간을 Slicing 하여 **print ( )** 해봅시다!

데이터 타입 3. 리스트 3-4

: List를 [x : y]의 형식으로 **Slicing** 할 수 있습니다.

D3-4-d3

```
>>> toDo = ['Washing', 'Cleaning', 'Checking', 'Banking']
>>> print (toDo [2 : ])
['Checking', 'Banking']
```

 Coding Drill (코딩훈련 4.)

toDo = ['Washing', 'Cleaning', 'Checking', 'Banking']이라는 '투두' **List**를
만들고, **toDo**의 **[:]**처럼 전체 구간을 **Slicing** 하여 **print ( )** 해봅시다!

D3-4-d4

```
>>> toDo = ['Washing', 'Cleaning', 'Checking', 'Banking']
>>> print (toDo [ : ])
['Washing', 'Cleaning', 'Checking', 'Banking']
```

 Coding Drill (코딩훈련 5.)

toDo = ['Washing', 'Cleaning', 'Checking', 'Banking']이라는 '투두' **List**를
만들고, **toDo**의 **[: : 2]**처럼 전체 구간을 **Slicing** 하여 두 간격씩 **Step** [스텝]하여
print ( ) 해봅시다!

D3-4-d5

```
>>> toDo = ['Washing', 'Cleaning', 'Checking', 'Banking']
>>> print (toDo [ : : 2])
['Washing', 'Checking']
```

● The Honey Tips for **Coding** and **Computational Thinking**

● The Very Basics Of Python

● Read a chapter, then do interactive exercises to make your Python knowledge stick.

● The Ultimate Beginners' Guide for Coding with Python

Data Type 3.
List 3-5 : Concatenating, Replication

Data Type 3.
List 3-5 : Concatenating,
Replication

: '리스트'의 연산과 복제

We can learn **complete primary skills** of **Python fast** and fun.

Python Tutorial for Absolute Beginners

Number [넘버 : 숫자]나 **String** [스트링 : 문자열]처럼
List [리스트 : 목록]도 **Operator** [오퍼레이터 : 연산자]를
사용하여 연산이 가능합니다.

List를 **+ Plus** [플러스 : 더하기]로 합치거나,
* Multiply [멀티플라이 : 곱하기]로 반복할 수 있다는 것입니다.

+ 하는 것을 **Concatenating** [컨케트네이팅 : 연결/병합하기]이라고 하고,
* 하는 것을 **Repeating** [리피팅 : 반복하기] 또는
Replication [레플러케이션 : 복제]이라고 합니다.

+ Operator를 사용하여 **List**를 더해보겠습니다.
다음과 같이 다양한 방식들이 가능합니다.

데이터 타입 3. 리스트 3-5

: List를 + Plus로 합치거나, * Multiply로 반복할 수 있습니다.

D3-5-01

```
>>> ['apple', 'pen'] + ['pineapple', 'pen']
['apple', 'pen', 'pineapple', 'pen']
```

D3-5-02

```
>>> a = ['apple', 'pen']
>>> b = ['pineapple', 'pen']
>>> a + b
['apple', 'pen', 'pineapple', 'pen']
```

D3-5-03

```
>>> a = ['apple', 'pen']
>>> b = ['pineapple', 'pen']
>>> c = a + b
>>> c
['apple', 'pen', 'pineapple', 'pen']
```

D3-5-04

```
>>> a = ['apple', 'pen']
>>> b = ['pineapple', 'pen']
>>> c = a + b
>>> print (c)
['apple', 'pen', 'pineapple', 'pen']
```

● The Honey Tips for **Coding** and **Computational Thinking**

● The Very Basics Of Python

● The Ultimate Beginners' Guide for Coding with Python

Data Type 3.
List 3-5 : Concatenating, Replication

이번에는 *** Operator**를 사용하여 **List**를 반복해 보겠습니다.

D3-5-05

```
>>> ['apple']* 2
['apple', 'apple']
```

D3-5-06

```
>>> ['apple', 'pen']* 2
['apple', 'pen', 'apple', 'pen']
```

D3-5-07

```
>>> a = ['apple', 'pen']
>>> a * 2
['apple', 'pen', 'apple', 'pen']
```

D3-5-08

```
>>> a = ['apple', 'pen']
>>> print (a * 2)
['apple', 'pen', 'apple', 'pen']
```

그러면 순서대로 한 쌍씩 반복되는데, 그래서 이를
Replication [레플러케이션 : 복제]이라고 말합니다.

데이터타입 3. 리스트 3-5

: List를 + Plus로 합치거나, * Multiply로 반복할 수 있습니다.

 Coding Drill (코딩훈련 1.)

a = ['tiger', 'bear']와 b = ['lion', 'elephant']라는 List [리스트 : 목록]를 만들고,
+ Operator [플러스 오퍼레이터 : 더하기 연산자]를 사용하여 a + b를 print ( ) 해봅시다!

D3-5-d1

```
>>> a = ['tiger', 'bear']
>>> b = ['lion', 'elephant']
>>> print (a + b)
['tiger', 'bear', 'lion', 'elephant']
```

 Coding Drill (코딩훈련 2.)

a = ['tiger', 'bear']와 b = ['lion', 'elephant']라는 List를 만들고,
+ Operator를 사용하여 a + b + a를 print ( ) 해봅시다!

D3-5-d2

```
>>> a = ['tiger', 'bear']
>>> b = ['lion', 'elephant']
>>> print (a + b + a)
['tiger', 'bear', 'lion', 'elephant', 'tiger', 'bear']
```

 Coding Drill (코딩훈련 3.)

a = ['tiger', 'bear']라는 List를 만들고, * Operator [멀티플라이 오퍼레이터 :
곱하기 연산자]를 사용하여 a * 2를 print ( ) 해봅시다!

● The Honey Tips for **Coding** and **Computational Thinking**

● The Very Basics Of Python

● The Ultimate Beginners' Guide for Coding with Python

Data Type 3.
List 3-5 : Concatenating, Replication

D3-5-d3

```
>>> a = ['tiger', 'bear']
>>> print (a * 2)
['tiger', 'bear', 'tiger', 'bear']
```

 Coding Drill (코딩훈련 4.)

a = ['tiger', 'bear']와 **b = ['lion', 'elephant']**라는 **List**를 만들고,
a *2 + b를 **print ( )** 해봅시다!

D3-5-d4

```
>>> a = ['tiger', 'bear']
>>> b = ['lion', 'elephant']
>>> print (a * 2 + b)
['tiger', 'bear', 'tiger', 'bear', 'lion', 'elephant']
```

 Coding Drill (코딩훈련 5.)

a = ['tiger', 'bear']와 **b = ['lion', 'elephant']**라는 **List**를 만들고,
a + (b * 2)를 **print ( )** 해봅시다!

D3-5-d5

```
>>> a = ['tiger', 'bear']
>>> b = ['lion', 'elephant']
>>> print (a + (b * 2))
['tiger', 'bear', 'lion', 'elephant', 'lion', 'elephant']
```

● EASY
Learn How to Code Step by Step!

● SMART
Learn Python with the Compact Guide!

● QUICK
Learn Python in Short Way Ever!

● The Ultimate Beginners' Guide for Coding with Python

아! 잠깐만yo!
think like programer

English vs Python

English vs Python은 '인간언어 **vs** 기계언어'로 비교됩니다.
둘 사이에는 같은 점만큼 다른 점도 많습니다.
이 둘의 가장 심대한 차이점은 '인간성'입니다.
인간의 언어에서 볼 수 있는 '인간적인 융통성'을
기계의 언어에서는 절대 기대할 수 없다는 것입니다.

예를 들어 우리가 글을 쓸 때 '콤마'는 어떤 경우에 써도 되고
쓰지 않아도 됩니다. 안 썼다고 틀린 문장이 아니며,
없다고 해서 소통에 문제가 되진 않습니다.

그렇지만 **Python**은 물론 다른 모든 프로그래밍 언어에서는
콤마 하나 때문에 인식이 안되고 작동이 안되며
심지어 오류가 발생합니다.
인간적인 융통성의 자리에 냉철한 정확성이 위치합니다.

그래서 **Coding**을 연습할 때,
실제로 **Coding**을 할 때 가장 중요한 것이 '정확한 입력'입니다.
점 하나 빠짐없이 그대로 꼼꼼하게 채워 넣는 것이 바로
Coding의 본질입니다. **Coding**에서 정확한 것보다 중요한 것은 없습니다.

그래서 우리는 '코딩훈련'을 꼼꼼하게 연습하고 있는 것이고요!

● The Honey Tips for **Coding** and **Computational Thinking**

● The Very Basics Of **Python**

● Read a chapter, then do interactive exercises to make your Python knowledge stick.

● The Ultimate Beginners' Guide for Coding with Python
Data Type 3.
List 3-6 : Alteration

Data Type 3.
List 3-6 : Alteration

: '리스트'의 변경

List [리스트 : 목록]를 Alteration [얼터레이션 : 변경] 할 수 있습니다.
List의 Alteration은 기본적으로
변경할 Item [아이템 : 요소]의 위치를 숫자로
[ ] Square Bracket [스퀘어 브래킷 : 대괄호] 안에 표시하고,
변경할 Item을 = [어싸인먼트 오퍼레이터 : 지정 연산자]로 지정해주면 됩니다.

예를 들어 ['banana', 'melon']이라는 List a에서
1번 Item인 'melon'을 'apple'로 변경하려면
다음과 같이 print ( ) 하면 됩니다.

D3-6-01

```
>>> a = ['banana', 'melon']
>>> a [1] = 'apple'
>>> print (a)
['banana', 'apple']
```

그러면 새로운 Item으로 바뀐 List가 만들어집니다.
기존의 List에 새로운 Item을 추가할 수도 있습니다.

● Read a chapter, then do interactive exercises to make your Python knowledge stick.

데이터타입 3. 리스트 3-6

: List를 Alteration 할 수 있습니다.

D3-6-02

```
>>> b = ['banana', 'melon']
>>> b = b + ['apple']
>>> print (b)
['banana', 'melon', 'apple']
```

새로운 **List**를 만드는 것도 같은 결과를 얻을 수 있는 방법입니다.

D3-6-03

```
>>> c = ['banana', 'melon']
>>> d = c + ['apple', 'orange']
>>> print (d)
['banana', 'melon', 'apple', 'orange']
```

이런 방법들 이외에 **List**에 **Item**을 추가/삽입/삭제하는
다양한 **Method** [메써드 : 방법]들이 있습니다.

Method를 표현하는 기본적인 방법은
a (변수명) 다음에 **. Dot** [닷 : 마침표]을 찍고,
다음에 **Method ( )**를 입력하며
가장 오른쪽에 **Object** [업젝트 : 대상 (리스트 이름)]를 놓습니다.
( ) 안에는 **Item**을 표시하면 됩니다.
('**a**에 **X**를 **Method**라는 방법으로 처리해라!'라는 방식입니다.)

> **a . Method ('X')**

The Honey Tips for Coding and Computational Thinking

● The Very Basics Of Python

● Read a chapter, then do interactive exercises to make your Python knowledge stick.

● The Ultimate Beginners' Guide for Coding with Python

Data Type 3.
List 3-6 : Alteration

다음의 5가지 **Method**들이 **List**의 변경에 유용합니다.
. append [닷 어펜드 : 추가] **Method**는 **List**에 새로 **Item**을 추가할 수 있습니다.
한 번에 한 개씩 추가할 수 있으며, 추가된 **Item**은 **List**의 마지막에 위치합니다.

D3-6-04

```
>>> a = ['banana', 'melon']
>>> a . append ('apple')
>>> print (a)
['banana', 'melon', 'apple']
```

. extend [닷 익스텐드 : 연장] **Method**는 **List**의 마지막에
여러 개의 **Item**을 연결하여 확장할 수 있습니다.

D3-6-05

```
>>> a = ['banana', 'melon']
>>> b = ['apple', 'orange']
>>> a . extend (b)
>>> print (a)
['banana', 'melon', 'apple', 'orange']
```

. insert [닷 인써트 : 삽입] **Method**는 **List**의 원하는 위치에 **Item**을 삽입할 수
있습니다. **. insert (a, b)** 하면 **List**의 'a 위치에, b를 삽입하라!'는 뜻입니다.
(삽입될 실제 위치는 **0**번부터 셉니다.)

D3-6-06

```
>>> a = ['banana', 'melon', 'apple']
>>> a . insert (2, 'orange')
>>> print (a)
['banana', 'melon', 'orange', 'apple']
```

● Read a chapter, then do interactive exercises to make your Python knowledge stick.

데이터타입 3.   리스트 3-6   3-6

: List를 Alteration 할 수 있습니다.

. remove [닷 리무브 : 제거] Method는 List의 Item을 제거할 수 있습니다.

D3-6-07

```
>>> a = ['banana', 'melon', 'apple']
>>> a . remove ('apple')
>>> print (a)
['banana', 'melon']
```

. pop [닷 팝 : 뽑기] Method는 List의 맨 마지막 Item을 뽑아 보여줄 수 있습니다.
pop은 Popping Up [팝핑 업 : 튀어나오다]이라는 뜻입니다.
또한 pop은 특정 위치의 Item을 뽑아 보여줄 수도 있습니다.
. pop (a) 하면 List의 'a 위치에 있는 것을 뽑아내라!'는 뜻입니다.
pop은 List에서 Item을 뽑아내는 것이기 때문에 이후의
List에는 더 이상 존재하지 않습니다.

D3-6-08

```
>>> a = ['banana', 'melon', 'apple']
>>> a . pop ()
['apple']
>>> print (a)
['banana', 'melon']
```

D3-6-09

```
>>> a = ['banana', 'melon', 'apple']
>>> a . pop (1)
'melon'
>>> print (a)
['banana', 'apple']
```

The Honey Tips for Coding and Computational Thinking

● The Very Basics Of Python

● Read a chapter, then do interactive exercises to make your Python knowledge stick.

● The Ultimate Beginners' Guide for Coding with Python

Data Type 3.
List 3-6 : Alteration

 Coding Drill (코딩훈련 1.)

mustHave = ['Cartier', 'Benz']라는 '머스트 해브' **List**를 만들고, **. append ( )**
Method를 사용하여 **'iMac'**을 '추가'하고, 그리고 **mustHave**를 **print ( )** 해봅시다!

D3-6-d1

```
>>> mustHave = ['Cartier', 'Benz']
>>> mustHave . append ('iMac')
>>> print (mustHave)
['Cartier', 'Benz', 'iMac']
```

 Coding Drill (코딩훈련 2.)

mustHave = ['Cartier', 'Benz']라는 '머스트 해브' **List**를 만들고, **. insert ( )**
Method를 사용하여 **1**번째 자리에 **'iMac'**을 '삽입'하고, 그리고 **mustHave**를
print ( ) 해봅시다!

D3-6-d2

```
>>> mustHave = ['Cartier', 'Benz']
>>> mustHave . insert (1, 'iMac')
>>> print (mustHave)
['Cartier', 'iMac', 'Benz']
```

 Coding Drill (코딩훈련 3.)

mustHave = ['Cartier', 'Benz']라는 '머스트 해브' **List**를 만들고, **. remove ( )**
Method를 사용하여 **'Cartier'**를 '지우고', 그리고 **mustHave**를 **print ( )** 해봅시다!

● Read a chapter, then do interactive exercises to make your Python knowledge stick.

데이터 타입 3. 리스트 3-6
: List를 Alteration 할 수 있습니다.

D3-6-d3

```
>>> mustHave = ['Cartier', 'Benz']
>>> mustHave . remove ('Cartier')
>>> print (mustHave)
['Benz']
```

 Coding Drill (코딩훈련 4.)

mustHave = ['iMac', 'Benz']라는 '머스트 해브' **List**를 만들고, **. pop ( ) Method**
를 사용하여 맨 마지막 요소를 '뽑아내고', 그리고 **mustHave**를 **print ( )** 해봅시다!

D3-6-d4

```
>>> mustHave = ['iMac', 'Benz']
>>> mustHave . pop ()
'Benz'
>>> print (mustHave)
['iMac']
```

 Coding Drill (코딩훈련 5.)

mustHave = ['iMac', 'Benz']라는 '머스트 해브' **List**를 만들고, **. pop ( ) Method**
를 사용하여 **0**번째 요소를 '뽑아내고', 그리고 **mustHave**를 **print ( )** 해봅시다!

D3-6-d5

```
>>> mustHave = ['iMac', 'Benz']
>>> mustHave . pop (0)
'iMac'
>>> print (mustHave)
['Benz']
```

● The Honey Tips for **Coding** and **Computational Thinking**

● The Very Basics Of Python

● EASY
Learn How to Code Step by Step!

● SMART
Learn Python with the Compact Guide!

QUICK
Learn Python in Short Way Ever!

● The Ultimate Beginners' Guide for Coding with Python

아! 잠깐만yo!
think like programer

Programing Language

Programing Language [프로그래밍 랭귀지 : 프로그램 언어]에는
대화의 상대들이 이미 정해져 있습니다.
명령/요구를 하는 '사용자'와 답을 찾아 대답하는 '컴퓨터'.

때문에 **Programing Language**에서 대개는 '주어'가 생략되고,
'동사'와 '목적어' 등만으로 문장이 이루어집니다.

```
>>> max ('Python')
'y'
```

위는 '괄호 안의 것의 최대치를 구해라!'라는 뜻입니다.
마치 명령문처럼 시키는 사람과 답을 찾는 주체가 생략된 문장입니다.
이상이 **Function** [펑션 : 기능/함수]의 구조라면
다음은 **Method** [메써드 : 방법]의 구조입니다.

```
>>> a = [1, 2, 3]
>>> a . pop ()
3
```

162   Learn Python well and fast with the compact
beginners' guide on Python programing.

Python Tutorial for Absolute Beginners

◼ EASY
Learn How to Code Step by Step!

● SMART
Learn Python with the Compact Guide!

QUICK
Learn Python in Short Way Ever!

'a에서 마지막 **Item** [아이템 : 요소]을 뽑아내기로 답해라!'입니다.
. Dot [닷 : 점]이 전치사 **with**의 역할을 하는 문장으로,
역시 주어는 없고, 무엇보다 '방법'에 촛점이 맞춰진 문장입니다.

이처럼 **Programing Language**는 주객이 이미 전제된 특별한 언어입니다.

*** Method는 '**Object**를' 또는 '**Object**에게'
무엇을 어떻게 할 것인가에 대한 방법을 말하는 것입니다.
따라서 **Method**는 논리관계를 이해하는 것이 중요합니다.
('**Object**에게/를'은 영어의 '간접목적어/직접목적어'를 연상하면 됩니다.)

PROGRAMING
LANGUAGE

The Honey Tips for Coding and Computational Thinking

● The Very Basics Of Python

● Read a chapter, then do interactive exercises to make your Python knowledge stick.

● The Ultimate Beginners' Guide for Coding with Python

Data Type 3.
List 3-7 : sort, reverse, count

Data Type 3.
List 3-7 : sort, reverse, count
: '리스트'의 정리, 역순, 셈

List를 '정렬'하는 **Method** [메써드 : 방법]들이 있습니다.

sort [쏘트 : 정리]는 **List** 안의 **Item**을 순서대로 정렬합니다.
'알파벳'은 순서대로, '숫쟈'는 작은 수부터 정렬합니다.
'알파벳'은 '대문쟈'가 '소문쟈'보다 우선 순위입니다.
'숫쟈'와 '알파벳'이 함께 있다면 '숫쟈'가 우선 순위입니다.
('숫쟈' 〈 '알파벳 대문쟈' 〈 '알파벳 소문쟈')

reverse [리버스 : 뒤집기]는 **List** 안의 **Item**을
현재의 역순으로 정렬합니다.

. sort ( ) [닷 쏘트] **Method**, **. reverse ( )** [닷 리버스] **Method**를
각각 적용하면 새로운 순서의 **List**가 되는 것입니다.

그리고 **count** [카운트 : 계산]는
List 안의 **Item**의 갯수를 셉니다.

● Read a chapter, then do interactive exercises to make your Python knowledge stick.

데이터타입 3. 리스트 3-7  3-7

: List를 . sort ( ), . reverse ( )로 정렬할 수 있습니다.

Method를 표현하는 방법은
왼쪽에 **Object** [업젝트 : 대상 (리스트명)]를 놓고, **. Dot** [닷 : 마침표]을 찍고,
오른쪽에 **Method ( )** [메써드 라운드 브래킷 : 방법]을 입력하면 됩니다.

먼저 **. sort ( ) Method**로 **List**를 순서대로 정렬하고, **print ( )** 해보겠습니다.

D3-7-01

```
>>> a = ['banana', 'melon', 'apple', 'orange']
>>> a . sort ()
>>> a
['apple', 'banana', 'melon', 'orange']
```

D3-7-02

```
>>> a = ['banana', 'melon', 'apple', 'orange']
>>> a . sort ()
>>> print (a)
['apple', 'banana', 'melon', 'orange']
```

다음은 **. reverse ( ) Method**로 **List**를 역순으로 정렬하고, **print ( )** 해보겠습니다.

D3-7-03

```
>>> b = ['banana', 'melon', 'apple', 'orange']
>>> b . reverse ()
>>> b
['orange', 'apple', 'melon', 'banana']
```

● Read a chapter, then do interactive exercises to make your Python knowledge stick.

● The Ultimate Beginners' Guide for Coding with Python

Data Type 3.
List 3-7 : sort, reverse, count

D3-7-04

```
>>> b = ['banana', 'melon', 'apple', 'orange']
>>> b . reverse ()
>>> print (b)
['orange', 'apple', 'melon', 'banana']
```

. count ( ) Method로 List 안의 특정 Item의 갯수를 세어보겠습니다.

D3-7-05

```
>>> c = ['apple', 'melon', 'apple', 'orange']
>>> c . count ('apple')
2
```

데이터 타입 3. 리스트 3-7

: List를 . sort ( ), . reverse ( )로 정렬할 수 있습니다.

 Coding Drill (코딩훈련 1.)

myNum = ['4', '0', '1', '3']이라는 **List**를 만들고,
. sort ( ) [닷쏘트] **Method**를 사용하여 '정렬'하고, **myNum**을 **print ( )** 해봅시다!

D3-7-d1

```
>>> myNum = ['4', '0', '1', '3']
>>> myNum . sort ()
>>> print (myNum)
['0', '1', '3', '4']
```

 Coding Drill (코딩훈련 2.)

myFruits = ['Banana', 'Melon', 'apple', 'orange']라는 **List**를 만들고,
. sort ( ) Method를 사용하여 '정렬'하고, **myFruits**를 **print ( )** 해봅시다!

D3-7-d2

```
>>> myFruits = ['Banana', 'Melon', 'apple', 'orange']
>>> myFruits . sort ()
>>> print (myFruits)
['Banana', 'Melon', 'apple', 'orange']
```

 Coding Drill (코딩훈련 3.)

myLike = ['orange', '7', 'BMW']라는 **List**를 만들고,
. sort ( ) Method를 사용하여 정렬하고, **myLike**를 **print ( )** 해봅시다!

● The Honey Tips for **Coding** and **Computational Thinking**

● The Very Basics Of Python

● Read a chapter, then do interactive exercises to make your Python knowledge stick.

● The Ultimate Beginners' Guide for Coding with Python

Data Type 3.
List 3-7 : sort, reverse, count

D3-7-d3

```
>>> myLike = ['orange', '7', 'BMW']
>>> myLike . sort ()
>>> print (myLike)
['7', 'BMW', 'orange']
```

 **Coding Drill** (코딩훈련 4.)

myFruits = ['Banana', 'Melon', 'apple', 'orange']라는 List를 만들고,
. reverse ( ) [닷 리버쓰] Method를 사용하여 역순 정렬하고,
myFruits를 print ( ) 해봅시다!

D3-7-d4

```
>>> myFruits = ['Banana', 'Melon', 'apple', 'orange']
>>> myFruits . reverse ()
>>> print (myFruits)
['orange', 'apple', 'Melon', 'Banana']
```

Coding Drill (코딩훈련 5.)

myFruits = ['apple', 'Apple', 'appLe', 'APPLE']이라는 List를 만들고,
. count ( ) [닷 카운트] Method를 사용하여 'apple'의 갯수를 세어 봅시다!
(그러면 대소문자를 구별하여 정확하게 일치되는 Item의 갯수가 출력됩니다.)

D3-7-d5

```
>>> myFruits = ['apple', 'Apple', 'appLe', 'APPLE']
>>> myFruits . count ('apple')
1
```

We can learn **complete primary skills** of **Python fast** and **fun.**

● Python Tutorial for **Absolute Beginners**

● EASY
Learn How to Code Step by Step!

● SMART
Learn Python with the Compact Guide!

● QUICK
Learn Python in Short Way Ever!

● The Ultimate Beginners' Guide for Coding with Python

아! 잠깐만yo!
think like programer

Data == 빵

한번 예를 들어 봅시다!
여기에 빵 덩어리들이 있습니다.

DATA

빵 덩어리에 '숫자'를 정하거나(**Number [넘버 : 숫자]**)
각각에 '이름'을 붙이거나(**String [스트링 : 문자열]**)
모양에 따라, 색깔에 따라, 또는 재료에 따라
빵을 '분류하여 정리'하거나(**List [리스트 : 목록]**)
할 수 있습니다.

빵 덩어리들이 곧 **Data**입니다.
이렇게 우리가 빵 덩어리를
어떻게 배열하고 어떤 순서로
또 어떻게 묶을지를 생각하는 것이
Programing [프로그래밍]입니다.

'빵 덩어리를 쉽게 편하게
그리고 맛있게 먹을 수 있는 방법'을 생각하는 것과
Programing은 똑같습니다.

● The Honey Tips for Coding and Computational Thinking

● The Very Basics Of Python

● Read a chapter, then do interactive exercises to make your Python knowledge stick.

The Ultimate Beginners' Guide for Coding with Python

Data Type 4.
Tuple 4-1 : Immutable

Data Type 4.
Tuple 4-1 : Immutable
: '튜플'은 변경 불가능

Tuple [튜플]은 **List** [리스트 : 목록]의 일종입니다.
Tuple과 **List**의 결정적인 차이점은,
List는 수정/추가/삭제 등의 변경이 가능하지만,
Tuple은 변경이 불가능합니다.
그러니까 **Tuple**은 '순서와 갯수가 고정된 목록'입니다.

때문에 **Tuple**의 가장 중요한 특징은
'immutable' [이뮤터블 : 변경 불가능한]입니다.
반대로 **List**는 **'mutable'** [뮤터블 : 변경 가능한]인 것이고요.

Tuple은 '수정하면 안되는 목록',
또는 '목록이 우연히 변경되는 것을 방지할 때' 유용합니다.
실수로 추가, 삭제 등 변경되지 않도록 고정해 놓아야 할
data를 보관하는 좋은 방법이라고 할 수 있습니다.
Tuple이 **List**만큼 유용한 이유입니다.

List는 [ ] **Square Bracket** [스퀘어 브래킷 : 대괄호] 안에 정리하지만,
Tuple은 ( ) **Round Bracket** [라운드 브래킷 : 소괄호] 안에 정리합니다.

● Read a chapter, then do interactive exercises to make your Python knowledge stick.

데이터타입 4. 튜플 4-1
: Tuple의 가장 중요한 특징은 'immutable'입니다.

4-1

(( )는 Parentheses [퍼렌써시스 : 소괄호]라고도 합니다.)
그리고 , Comma [카마 : 쉼표/콤마]로 Item[아이템 : 요소]를 구분하여 표시합니다.

List = [1, 2, 3]

Tuple = (1, 2, 3)

그러니까 Tuple과 List는 Bracket [브래킷 : 괄호] 때문에
외관상으로 쉽게 구분이 됩니다.

그러면 Tuple의 Data Type [데이터 타입 : 자료형태]부터 확인해 보겠습니다.
Data Type은 type ( ) Function [타입 펑션 : 유형 기능/함수]을
사용하여 확인할 수 있습니다.

D4-1-01

```
>>> a = ('phone', )
>>> type (a)
<class 'tuple'>
```

Item [아이템 : 요소]이 하나밖에 없지만,
( )와 , Comma 때문에 class [클래스 : 분류/종류]가
'tuple' Data Type이라고 확인이 됩니다.

The Honey Tips for Coding and Computational Thinking ● The Very Basics Of Python ●

● Read a chapter, then do interactive exercises to make your Python knowledge stick.

The Ultimate Beginners' Guide for Coding with Python

Data Type 4.
Tuple 4-1 : Immutable

D4-1-02

```
>>> b = ('phone')
>>> type (b)
<class 'str'>
```

이처럼 **, Comma**가 없다면 **Data Type**이 달라집니다.
class 'str'은 class가 **String [스트링 : 문자열]**임을 말합니다.
즉 여러 개의 목록이 아니고 하나의 문자열이라는 것입니다.
Tuple의 중요한 특징을 보여주는 예입니다.

Tuple은 **List**처럼 여러 개의 **Item**을 담는
Container Type [컨테이너 타입 : 저장형] Data입니다.

(**Tuple**에 하나의 **Item**만 담고 있어도 되지만,
뒤에 반드시 **, Comma**가 있어야 합니다.)

데이터 타입 4. 튜플 4-1

: **Tuple**의 가장 중요한 특징은 '**immutable**'입니다.

4-1

Coding Drill (코딩훈련 1.)

fruit = ('apple')이라는 **Data**의 **Type**을
type ( ) Function **[타입 펑션 : 유형 기능/함수]**으로 확인해봅시다!

D4-1-d1

```
>>> fruit = ('apple')
>>> type (fruit)
<class 'str'>
```

Coding Drill (코딩훈련 2.)

fruit = ['apple']이라는 **Data**의 **Type**을
type ( ) Function으로 확인해봅시다!

D4-1-d2

```
>>> fruit = ['apple']
>>> type (fruit)
<class 'list'>
```

Coding Drill (코딩훈련 3.)

이번에는 **fruit = ('apple',)**이라는 **Data**의 **Type**을
type ( ) Function으로 확인해봅시다!

The Honey Tips for **Coding** and **Computational Thinking**

● The Very Basics Of Python

● Read a chapter, then do interactive exercises to make your Python knowledge stick.

● The Ultimate Beginners' Guide for Coding with Python

Data Type 4.
Tuple 4-1 : Immutable

D4-1-d3

```
>>> fruit = ('apple', )
>>> type (fruit)
<class 'tuple'>
```

 Coding Drill (코딩훈련 4.)

myFruits = ('apple', 'banana', 'melon')이라는 **Tuple**을 만들고,
type ( )을 사용하여 **myFruits**의 **Type**을 확인해봅시다!

D4-1-d4

```
>>> myFruits = ('apple', 'banana', 'melon')
>>> type (myFruits)
<class 'tuple'>
```

 Coding Drill (코딩훈련 5.)

myFruits = ('apple', 'banana', 'melon')이라는 **Tuple**을 만들고,
myFruits를 **print ( )** 해봅시다!

D4-1-d5

```
>>> myFruits = ('apple', 'banana', 'melon')
>>> print (myFruits)
('apple', 'banana', 'melon')
```

● EASY
Learn How to Code Step by Step!

● SMART
Learn Python with the Compact Guide!

● QUICK
Learn Python in Short Way Ever!

● The Ultimate Beginners' Guide for Coding with Python

아! 잠깐만yo!
think like programer

Sequence, mutable이란?

모든 **Data Type** [데이터 타입 : 자료형태]들은
'순서가 중요한 것'인지,
'변경이 가능한 것'인지에 따라 선택이 달라집니다.

DATA TYPE

Sequence [시퀀스 : 순서]가 중요한 **Data Type**으로는
Number [넘버 : 숫자], **String** [스트링 : 문자열],
List [리스트 : 색인], **Tuple** [튜플]이 있습니다.
반면 다음에 다루게 될
Dictionary [딕셔너리 : 사전]와 **Set** [셋 : 집합]은
상대적으로 순서가 중요하지 않습니다.

그리고 대부분이
'**mutable**' [뮤터블 : 변경 가능한] **Data Type**이지만,
'**immutable**' [이뮤터블 : 변경 불가능한]이어서
특별히 유용한 **Tuple** [튜플]이 있습니다.

어떤 상황에서 어떤 **Data Type**을 사용하는가,
Data Type의 특성을 어떻게 최대한 활용하는가가
'좋은 개발자의 능력'입니다.

● The Honey Tips for Coding and Computational Thinking

● The Very Basics Of Python

● Read a chapter, then do interactive exercises to make your Python knowledge stick.

The Ultimate Beginners' Guide for Coding with Python

Data Type 4.
Tuple 4-2 : Convert

Data Type 4.
Tuple 4-2 : Convert
: '튜플'의 변환

Tuple [튜플]을 **List** [리스트 : 목록]로
또는 **List**를 **Tuple**로 **Convert** [컨버트 : 변환] 할 수 있습니다.
Tuple을 만드는 방법은 간단합니다.
tuple ( ) Function [튜플 펑션 : 튜플 기능/함수]을 사용하여,
'괄호 안을 **tuple**로!'라고 하면 됩니다.

D4-2-01

```
>>> a = 'banana'
>>> tuple (a)
('b', 'a', 'n', 'a', 'n', 'a')
```

List를 **Tuple**로 **Convert** 하는 방법도 간단합니다.
'괄호 안을 **tuple**로!'라고만 하면 되니까요.

D4-2-02

```
>>> b = [1, 2, 3]
>>> tuple (b)
(1, 2, 3)
```

● Read a chapter, then do interactive exercises to make your Python knowledge stick.

데이터타입 4.　튜플 4-2

: Tuple을 List로 또는 List를 Tuple로 Convert 할 수 있습니다.

그러면 [ ] Square Bracket [스퀘어 브래킷 : 대괄호] 안에 정리되었던
List가 ( ) Round Bracket [라운드 브래킷 : 소괄호]으로 바뀌어
Tuple로 Convert 되었음을 알 수 있습니다.
같은 방식으로 Tuple을 List로 Convert 할 수 있습니다.
list ( ) Function [리스트 펑션 : 목록 기능/함수]을 사용하여,
'괄호 안을 list로!'라고 하면 됩니다.

D4-2-03

```
>>> c = (1, 2, 3)
>>> list (c)
[1, 2, 3]
```

그러면 [ ] Square Bracket 안에 정리된 List를 확인할 수 있습니다.
그리고 다음과 같은 응용도 가능합니다.

D4-2-04

```
>>> d = ['banana', 'milk']
>>> d = tuple (d)
>>> print (d)
('banana', 'milk')
```

즉 'd라는 list는 tuple (d)와 같다고 하자,
그리고 print (d)를 해라!'라는 뜻입니다.
이렇게 사용하는 =는 Assignment Operator
[어싸인먼트 아퍼레이터 : 지정연산자]라고 하며,
이때 =는 '대신한다'는 의미로 '~라고 하자'로 해석하면 됩니다.

● The Honey Tips for Coding and Computational Thinking

● The Very Basics Of Python

The Ultimate Beginners' Guide for Coding with Python

Data Type 4.
Tuple 4-2 : Convert

 Coding Drill (코딩훈련 1.)

a = **'melon'**이라고 하고, **tuple ( ) Function** [튜플 펑션 : 튜플 기능/함수]을 사용하여
a를 바꾸어 봅시다!

D4-2-d1

```
>>> a = 'melon'
>>> tuple (a)
('m', 'e', 'l', 'o', 'n')
```

 Coding Drill (코딩훈련 2.)

fruits = **['apple', 'banana']**라는 **List**를 만들고,
tuple ( ) Function을 사용하여 **fruits**를 **Tuple**로 바꾸어 봅시다!

D4-2-d2

```
>>> fruits = ['apple', 'banana']
>>> tuple (fruits)
('apple', 'banana')
```

 Coding Drill (코딩훈련 3.)

fruits = **('apple', 'banana')**라는 **Tuple**을 만들고,
list ( ) Function [리스트 펑션 : 목록 기능/함수]을 사용하여 **fruits**를 **List**로 바꾸어 봅시다!

We can learn complete primary skills of Python fast and fun.

Python Tutorial for Absolute Beginners

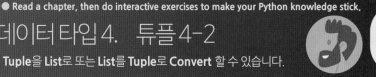

● Read a chapter, then do interactive exercises to make your Python knowledge stick.

데이터타입 4. 튜플 4-2

: **Tuple**을 **List**로 또는 **List**를 **Tuple**로 **Convert** 할 수 있습니다.

4-2

D4-2-d3

```
>>> fruits = ('apple', 'banana')
>>> list (fruits)
['apple', 'banana']
```

 Coding Drill (코딩훈련 4.)

myFruits = ['melon', 'cherry']라는 **List**를 만들고,
myFruits = tuple (myFruits)라고 하고, **myFruits**를 **print ( )** 해봅시다!

D4-2-d4

```
>>> myFruits = ['melon', 'cherry']
>>> myFruits = tuple (myFruits)
>>> print (myFruits)
('melon', 'cherry')
```

 Coding Drill (코딩훈련 5.)

myFruits = ('melon', 'cherry')라는 **Tuple**을 만들고,
myFruits = list (myFruits)라고 하고, **myFruits**를 **print ( )** 해봅시다!

D4-2-d5

```
>>> myFruits = ('melon', 'cherry')
>>> myFruits = list (myFruits)
>>> print (myFruits)
['melon', 'cherry']
```

● **The Honey Tips** for **Coding** and **Computational Thinking**

● **The Very Basics Of Python**

● Read a chapter, then do interactive exercises to make your Python knowledge stick.

The Ultimate Beginners' Guide for Coding with Python
Data Type 4.
Tuple 4-3 : len, max, min

Data Type 4.
Tuple 4-3 : len, max, min
: '튜플'의 길이, 최대치, 최소치

Tuple [튜플]은 추가/삭제 등의 변경을 제외하면,
List [리스트 : 목록]를 다루는 여러 가지 **Function [펑션 : 기능/함수]**들을
그대로 사용할 수 있습니다.

len ( ) [렌]은 **Item** [아이템 : 요소]의 길이,
즉 갯수를 구할 때 사용합니다.

D4-3-01

```
>>> a = ('phone', 'tv', 'pc', 'bike')
>>> len (a)
4
```

max ( ) [맥스]는 **Item**의 최대치를 구할 때 사용합니다.
즉 알파벳 순서 상 가장 나중에 나오는 **Item**을 나타냅니다.

D4-3-02

```
>>> b = ('phone', 'tv', 'pc', 'bike')
>>> max (b)
'tv'
```

● Read a chapter, then do interactive exercises to make your Python knowledge stick.

데이터 타입 4. 튜플 4-3
: Tuple도 len ( ), max ( ), min ( )을 사용할 수 있습니다.

min ( ) [민]은 **Item**의 최소치를 구할 때 사용합니다.
즉 알파벳 순서 상 가장 먼저 나오는 **Item**을 나타냅니다.

D4-3-03

```
>>> c = ('phone', 'tv', 'pc', 'bike')
>>> min (c)
'bike'
```

max ( )와 **min ( )**에서 따옴표 안의 '숫자'는 '알파벳'보다 작으며,
대문자는 소문자보다 작습니다.

● The Honey Tips for Coding and Computational Thinking

● The Very Basics Of Python

The Ultimate Beginners' Guide for Coding with Python

Data Type 4.
Tuple 4-3 : len, max, min

 Coding Drill (코딩훈련 1.)

myStuffs = ('phone', 'tv', 'pc', 'bike')라는 **Tuple**을 만들고,
len ( ) [렌 : 길이]을 사용하여 **myStuffs**의 '길이'를 구해봅시다!

D4-3-d1

```
>>> myStuffs = ('phone', 'tv', 'pc', 'bike')
>>> len (myStuffs)
4
```

 Coding Drill (코딩훈련 2.)

myStuffs = ('phone', 'tv', 'pc', 'bike')라는 **Tuple**을 만들고,
max ( ) [맥스 : 최대치]를 사용하여 **myStuffs**의 '최대치'를 구해봅시다!

D4-3-d2

```
>>> myStuffs = ('phone', 'tv', 'pc', 'bike')
>>> max (myStuffs)
'tv'
```

 Coding Drill (코딩훈련 3.)

newStuffs = ('phone', 'TV', 'PC', 'bike')라는 **Tuple**을 만들고,
max ( )를 사용하여 **newStuffs**의 '최대치'를 구해봅시다!

● **We** can learn **complete primary skills** of **Python fast and fun.**

● **Python Tutorial for Absolute Beginners**

● Read a chapter, then do interactive exercises to make your Python knowledge stick.

데이터 타입 4. 튜플 4-3

: Tuple도 len ( ), max ( ), min ( )을 사용할 수 있습니다.

4-3

D4-3-d3

```
>>> newStuffs = ('phone', 'TV', 'PC', 'bike')
>>> max (newStuffs)
'phone'
```

 Coding Drill (코딩훈련 4.)

hotStuffs = ('6G phone', '8K TV', 'PC', 'bike')라는 **Tuple**을 만들고,
min ( ) [민 : **최소치**]을 사용하여 **hotStuffs**의 '최소치'를 구해봅시다!

D4-3-d4

```
>>> hotStuffs = ('6G phone', '8K TV', 'PC', 'bike')
>>> min (hotStuffs)
'6G phone'
```

 Coding Drill (코딩훈련 5.)

hotStuffs = ('6G phone', '8K TV', 'PC', 'bike')라는 **Tuple**을 만들고,
max ( )를 사용하여 **hotStuffs**의 '최대치'를 **print ( )** 해봅시다!

D4-3-d5

```
>>> hotStuffs = ('6G phone', '8K TV', 'PC', 'bike')
>>> print (max (hotStuffs))
bike
```

● **The Honey Tips** for **Coding** and **Computational Thinking**

● **The Very Basics Of Python**

● Read a chapter, then do interactive exercises to make your Python knowledge stick.

● The Ultimate Beginners' Guide for Coding with Python

Data Type 4.
Tuple 4-4 : Index, Slicing, Step

Data Type 4.
Tuple 4-4 : Index, Slicing, Step
: '튜플'의 색인, 분할, 스텝

Tuple [튜플]도 **List [리스트 : 목록]**처럼
index ( ), slicing ( ) 등의
Function [펑션 : 기능/함수]을 사용할 수 있습니다.

Index [인덱스 : 색인]는 **Item [아이템 : 요소]**의 위치/순서를 나타내고,
Slicing [슬라이싱 : 자르기]은 **Item**의 구간을 표시합니다.

Index와 **Slicing**을 표시할 때는
[ ] Square Bracket [스퀘어 브래킷 : 대괄호]을 사용합니다.

Index에서 **[ ]** 안의 숫자가 **Item**의 위치입니다.
순서의 시작은 **0**번부터입니다.
[0]이 맨 처음이고, **[-1]**이 맨 마지막입니다.
그러니까 좌측에서부터 셀 때는 **0**부터,
우측에서부터 셀 때는 **-1**부터 시작한다고 생각하면 됩니다.

● Read a chapter, then do interactive exercises to make your Python knowledge stick.

데이터타입4. 튜플4-4

: Tuple도 index ( ), slicing ( ) 등의 Function을 사용합니다.

4-4

('phone', 'pc', 'tv')
0 1 2
-3 -2 -1

D4-4-01

```
>>> a = ('phone', 'pc', 'tv')
>>> a [0]
'phone'
```

Slicing은 **[x : y]**로 표시하며, **x**는 시작점이고 **y**는 끝나는 점이며,
x에서부터 **y-1**번째까지를 의미합니다.
: Colon [콜런 : 쌍점]은 범위를 나타냅니다.

[:]처럼 아무 표시가 없다면 처음부터 끝까지 전부 다를 의미합니다.
그래서 **[x :]**는 **x**에서부터 끝까지이고, **[: y]**는 처음부터 **y-1**번째까지입니다.
그리고 **[-1 : -3]**처럼 '음수'는 뒤에서부터 센 위치를 나타냅니다.

Index가 **Item**의 위치를 따진다면,
Slicing은 **Item** 사이의 경계를 따지기 때문에 **y-1**의 상황이 되는 것입니다.

D4-4-02

```
>>> b = ('bike', 'pc', 'tv', 'phone')
>>> b [1 : 2]
('pc', )
>>> print (b [1 : 2])
('pc', )
```

● The Honey Tips for Coding and Computational Thinking   ● The Very Basics Of Python

Data Type 4.
Tuple 4-4 : Index, Slicing, Step

결과값이 하나이지만 **Tuple**의 **Slicing Data**이기 때문에
(**'pc',)**처럼 괄호와 콤마가 함께 표시됩니다.

D4-4-03

```
>>> b = ('bike', 'pc', 'tv', 'phone')
>>> b [ : 3]
('bike', 'pc', 'tv')
```

그리고 **Tuple**을 **Step [스텝 : 건너뛰기]** 할 수도 있습니다.
Step 하고 싶은 만큼 숫자를 입력하면 됩니다.
[x : y : z]하면 **x**는 시작점, **y**는 **y-1**의 끝점, **z**는 건너뛰는 범위가 되겠습니다.
[Start : End : Step]
그래서 **[: : 2]**라고 하면 전체를 구하되,
'처음을 시작으로 두 번째 간격마다 구하라!'는 뜻입니다.

D4-4-04

```
>>> c = ('bike', 'pc', 'tv', 'phone')
>>> c [ : : 2]
('bike', 'tv')
```

이상은 **print ( )**와 함께 사용할 수도 있습니다.

D4-4-05

```
>>> c = ('bike', 'pc', 'tv', 'phone')
>>> print (c [ : : 2])
('bike', 'tv')
```

● Read a chapter, then do interactive exercises to make your Python knowledge stick.

데이터타입4. 튜플4-4

4-4

: Tuple도 index ( ), slicing ( ) 등의 Function을 사용합니다.

 ## Coding Drill (코딩훈련 1.)

myStuffs = ('phone', 'tv', 'pc', 'bike')라는 Tuple을 만들고,
myStuffs의 첫 번째 Item [아이템 : 요소]을 print ( ) 해봅시다!

D4-4-d1

```
>>> myStuffs = ('phone', 'tv', 'pc', 'bike')
>>> print (myStuffs [0])
phone
```

 ## Coding Drill (코딩훈련 2.)

myStuffs = ('phone', 'tv', 'pc', 'bike')라는 Tuple을 만들고,
myStuffs의 맨 마지막 Item을 print ( ) 해봅시다!

D4-4-d2

```
>>> myStuffs = ('phone', 'tv', 'pc', 'bike')
>>> print (myStuffs [-1])
bike
```

 ## Coding Drill (코딩훈련 3.)

myStuffs = ('phone', 'tv', 'pc', 'bike')라는 Tuple을 만들고,
myStuffs의 두 번째에서 마지막 두 번째까지 Item을 print ( ) 해봅시다!
(두 번째부터 마지막 두 번째까지는 [1 : -2]입니다.)

● The Ultimate Beginners' Guide for Coding with Python

Data Type 4.
Tuple 4-4 : Index, Slicing, Step

D4-4-d3

```
>>> myStuffs = ('phone', 'tv', 'pc', 'bike')
>>> print (myStuffs [1 : -2])
('tv', )
```

 Coding Drill (코딩훈련 4.)

myStuffs = ('phone', 'tv', 'pc', 'bike')라는 **Tuple**을 만들고,
myStuffs의 처음부터 마지막 세 번째까지 **Item**을 **print ( )** 해봅시다!

D4-4-d4

```
>>> myStuffs = ('phone', 'tv', 'pc', 'bike')
>>> print (myStuffs [ : -3])
('phone',)
```

 Coding Drill (코딩훈련 5.)

myStuffs = ('phone', 'tv', 'pc', 'bike')라는 **Tuple**을 만들고,
myStuffs의 처음부터 마지막 끝까지 **Item**을 **print ( )** 해봅시다!
(처음부터 끝까지, 전부는 **[:]**입니다.)

D4-4-d5

```
>>> myStuffs = ('phone', 'tv', 'pc', 'bike')
>>> print (myStuffs [ : ])
('phone', 'tv', 'pc', 'bike')
```

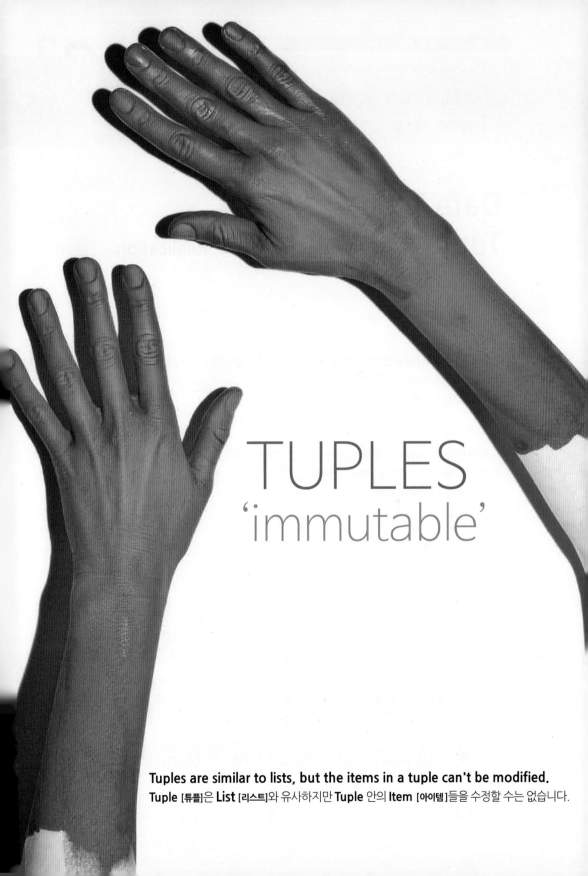

TUPLES
'immutable'

Tuples are similar to lists, but the items in a tuple can't be modified.
Tuple [튜플]은 List [리스트]와 유사하지만 Tuple 안의 Item [아이템]들을 수정할 수는 없습니다.

● Read a chapter, then do interactive exercises to make your Python knowledge stick.

● The Ultimate Beginners' Guide for Coding with Python

Data Type 4.
Tuple 4-5 : Concatenating, Replication

Data Type 4.
Tuple 4-5 : Concatenating, Replication
: '튜플'의 연산과 복제

We can learn **complete primary skills** of **Python fast** and **fun.**

Python Tutorial for Absolute Beginners

Tuple [튜플] 역시 **List** [리스트 : 목록]처럼 연산이 가능합니다.
+ Plus [플러스 : 더하기]로 합치거나,
* Multiply [멀티플라이 : 곱하기]로 반복할 수 있다는 것입니다.

+ 하는 것을 **Concatenating** [컨케트네이팅 : 연결/병합하기]이라고 하고,
* 하는 것을 **Repeating** [리피팅 : 반복하기] 또는
Replication [레플러케이션 : 복제]이라고 합니다.

Operator [오퍼레이터 : 연산자] **+**를 사용하여 **Tuple**을 더해보겠습니다.
다음과 같이 다양한 방식이 가능합니다.

D4-5-01

```
>>> ('phone', 'tv') + ('pc', 'bike')
('phone', 'tv', 'pc', 'bike')
```

D4-5-02

```
>>> a = ('phone', 'tv')
>>> b = ('pc', 'bike')
>>> a + b
('phone', 'tv', 'pc', 'bike')
```

● Read a chapter, then do interactive exercises to make your Python knowledge stick.

데이터타입4. 튜플4-5
: Tuple도 + Plus로 합치거나, * Multiply로 반복할 수 있습니다.

4-5

D4-5-03

```
>>> a = ('phone', 'tv')
>>> b = ('pc', 'bike')
>>> c = a + b
>>> c
('phone', 'tv', 'pc', 'bike')
```

D4-5-04

```
>>> a = ('phone', 'tv')
>>> b = ('pc', 'bike')
>>> c = a + b
>>> print (c)
('phone', 'tv', 'pc', 'bike')
```

이번에는 **Operator** *를 사용하여 **Tuple**을 곱해보겠습니다.

D4-5-05

```
>>> ('phone', ) * 2
('phone', 'phone')
```

D4-5-06

```
>>> ('phone', 'tv') * 2
('phone', 'tv', 'phone', 'tv')
```

D4-5-07

```
>>> a = ('phone', 'tv')
>>> a * 2
('phone', 'tv', 'phone', 'tv')
```

D4-5-08

```
>>> a = ('phone', 'tv')
>>> print (a * 2)
('phone', 'tv', 'phone', 'tv')
```

● The Honey Tips for Coding and Computational Thinking

● The Very Basics Of Python

The Ultimate Beginners' Guide for Coding with Python

Data Type 4.
Tuple 4-5 : Concatenating, Replication

 Coding Drill (코딩훈련 1.)

a = ('tiger', 'bear')와 b = ('lion', 'elephant')라는 **Tuple**을 만들고,
+ Operator [플러스 오퍼레이터 : 더하기 연산자]를 사용하여 **a + b**를 해봅시다!

D4-5-d1

```
>>> a = ('tiger', 'bear')
>>> b = ('lion', 'elephant')
>>> a + b
('tiger', 'bear', 'lion', 'elephant')
```

 Coding Drill (코딩훈련 2.)

a = ('tiger', 'bear')와 b = ('lion', 'elephant')라는 **Tuple**을 만들고,
+ Operator를 사용하여 **a + b + a**를 해봅시다!

D4-5-d2

```
>>> a = ('tiger', 'bear')
>>> b = ('lion', 'elephant')
>>> a + b + a
('tiger', 'bear', 'lion', 'elephant', 'tiger', 'bear')
```

 Coding Drill (코딩훈련 3.)

a = ('tiger', 'bear')라는 **Tuple**을 만들고,
* Operator [멀티플라이 오퍼레이터 : 곱하기 연산자]를 사용하여 **a * 2**를 해봅시다!

데이터타입 4. 튜플 4-5

: Tuple도 + Plus로 합치거나, * Multiply로 반복할 수 있습니다.

4-5

D4-5-d3

```
>>> a = ('tiger', 'bear')
>>> a * 2
('tiger', 'bear', 'tiger', 'bear')
```

Coding Drill (코딩훈련 4.)

a = ('tiger', 'bear')와 b= ('lion', 'elephant')라는 Tuple을 만들고,
*와 + Operator를 사용하여 a *2 + b를 해봅시다!

D4-5-d4

```
>>> a = ('tiger', 'bear')
>>> b = ('lion', 'elephant')
>>> a * 2 + b
('tiger', 'bear', 'tiger', 'bear', 'lion', 'elephant')
```

Coding Drill (코딩훈련 5.)

a = ('tiger', 'bear')와 b = ('lion', 'elephant')라는 Tuple을 만들고,
*와 + Operator를 사용하여 a + (b * 2)를 print ( ) 해봅시다!

D4-5-d5

```
>>> a = ('tiger', 'bear')
>>> b = ('lion', 'elephant')
>>> print (a + (b * 2))
('tiger', 'bear', 'lion', 'elephant', 'lion', 'elephant')
```

● The Honey Tips for Coding and Computational Thinking

● The Very Basics Of Python

● Read a chapter, then do interactive exercises to make your Python knowledge stick.

The Ultimate Beginners' Guide for Coding with Python

Section 1　　Data Type 4.
Tuple 4-6 : Format

Data Type 4.
Tuple 4-6 : Format
: '튜플'의 포멧

Format [포멧 : 양식]은 일종의 '틀'입니다.
틀을 만들어 놓으면 같은 작업을 다음에 수행하기가 훨씬 수월해집니다.
Format이 즐겨 사용되는 이유입니다.

사실 **Format**은 유용한 **String Method** [스트링 메써드 : 문자열 방법]입니다.
Tuple [튜플] 파트에서 소개하는 이유는 **Format Method**가 특별히
Tuple과 궁합이 잘 맞아 자주 사용되기 때문입니다.
물론 **List** [리스트 : 목록] **Data**와도 함께 사용할 수 있습니다.

. format ( ) Method [닷 포멧 메써드 : 포멧 방법]를 만드는 방법은
{ } Curly Bracket [컬리 브래킷 : 중괄회]을 사용합니다.
(**{ }** 사이에 공백은 없습니다.)

. format ( ) Method의 기본적인 사용 방식은 다음과 같습니다.

> **'123{}' . format (4)**

데이터 타입 4. 튜플 4-6

4-6

: **Tuple**과 **Format Method**는 특별히 잘 어울려 사용됩니다.

'a, b, {}, {}' . format ('c', 'd')

여기에서 **{ }**은 **Placeholder** [플레이스홀더 : 들어갈 자리를 마련해 놓은 것]라고 부르며,
( ) 안의 **4**나 **'c', 'd'**는 **Argument** [아규먼트 : 인자]라고 합니다.
그래서 **'{ }' . format ( )**은 **{ }** 안에 **Argument**를 삽입하라'는 뜻입니다.
다음의 예를 보겠습니다.

D4-6-01

```
>>> '123{}' . format (4)
'1234'
```

D4-6-02

```
>>> 'a, b, {}, {}' . format ('c', 'd')
'a, b, c, d'
```

D4-6-03

```
>>> 'This is {}!' . format ('Python')
'This is Python!'
```

위에서처럼 여러 개의 **Argument**를 만들 수 있고,
각각은 콤마로 구분하며 갯수만큼 **{ } Placeholder**를 만들면 됩니다.
그러면 빈 자리에 순서대로 **Argument**들이 삽입될 것입니다.

D4-6-04

```
>>> 'My name is {} {}.' . format ('Tom', 'Hardy')
'My name is Tom Hardy.'
```

● **The Honey Tips** for **Coding** and **Computational Thinking**

● **The Very Basics** Of **Python**

The Ultimate Beginners' Guide for Coding with Python

Data Type 4.
Tuple 4-6 : Format

D4-6-05

```
>>> 'My name is {} {}, from {}.' . format ('Tom', 'Hardy', 'UK')
'My name is Tom Hardy, from UK.'
```

We can learn complete primary skills of Python fast and fun.

Python Tutorial for Absolute Beginners

예를 들어 대표선수 20명에 대한 개인정보처럼, 확정된 인원의
Tuple Data와 **. format ( ) Method**를 사용하면 효과적이라는 것입니다.

Format Operator를 좀 더 세밀하게 활용할 수 있는 방법이 있습니다.
먼저 '성과 이름, 나이, 거주지'를 **Tuple**로 정리해 보겠습니다.
그리고 우리가 반복적으로 사용하게 될 문장의 뼈대를 만듭니다.
'My name is {}, and I live in {}.'
(나의 이름은 ~이고, 그리고 나는 ~에 삽니다.)
그리고 **Tuple** 안의 각각의 **Index [인덱스 : 색인]**를 사용하여
Format을 완성할 수 있습니다.
Index는 **0**번부터 시작하며, **-1**은 맨 끝자리를 의미합니다.

그래서 다음의 **name**이라는 **Tuple**의 **Index**는 **0**번이며,
home이라는 **Tuple**의 **Index**는 **1**번이 됩니다.
그리고 각각의 구성요소도 각각 **0**번부터 시작합니다.
그래서 **{1[1]}**이라고 하면 **1**번째 **Tuple**인 **home**의
1번째 즉 **'Berlin'**을 의미합니다.

D4-6-06

```
>>> name = ('Joy', 'Robert')
>>> home = ('Paris', 'Berlin')
>>> 'My name is {0[0]} and I live in {1[0]}.' . format (name, home)
'My name is Joy and I live in Paris.'
```

● Python Tutorial for Absolute Beginners

● Read a chapter, then do interactive exercises to make your Python knowledge stick.

데이터 타입 4. 튜플 4-6

: **Tuple**과 **Format Method**는 특별히 잘 어울려 사용됩니다.

D4-6-07

```
>>> name = ('Joy', 'Robert')
>>> home = ('Paris', 'Berlin')
>>> 'My name is {0[1]} and I live in {1[1]}.' . format (name, home)
'My name is Robert and I live in Berlin.'
```

D4-6-08

```
>>> name = ('Joy', 'Robert')
>>> home = ('Paris', 'Berlin')
>>> 'My name is {0[0]} and I live in {1[1]}.' . format (name, home)
'My name is Joy and I live in Berlin.'
```

D4-6-09

```
>>> name = ('Joy', 'Robert')
>>> home = ('Paris', 'Berlin')
>>> 'My name is {0[1]} and I live in {1[0]}.' . format (name, home)
'My name is Robert and I live in Paris.'
```

● The Honey Tips for **Coding** and **Computational Thinking**

● The Very Basics Of Python

The Ultimate Beginners' Guide for Coding with Python

Data Type 4.
Tuple 4-6 : Format

 Coding Drill (코딩훈련 1.)

. format ( ) Method [닷 포멧 메써드 : 포멧 방법]를 사용하여
'a, b, {}, {}' . format ('c', 'd')를 **print ( )** 해봅시다!

D4-6-d1

```
>>> print ('a, b, {}, {}' . format ('c', 'd'))
a, b, c, d
```

 Coding Drill (코딩훈련 2.)

. format ( ) Method를 사용하여
'This is {}!' . format ('Python')을 **print ( )** 해봅시다!

D4-6-d2

```
>>> print ('This is {}!' . format ('Python'))
This is Python!
```

 Coding Drill (코딩훈련 3.)

a = ('Tom Hardy', 39, 'London')과 **b = 'His name is {name}, and he is
{age}, lives in {city}.'**를 만들고, **. format ( ) Method**를 사용하여
b . format (name = a [0], age = a [1], city = a [2])라고 완성해봅시다!

● We can learn **complete primary skills** of **Pyt**on fast and **fun.**

● Python Tutorial for Absolute Beginners

데이터타입 4. 튜플 4-6

: Tuple과 Format Method는 특별히 잘 어울려 사용됩니다.

4-6

D4-6-d3

```
>>> a = ('Tom Hardy', 39, 'London')
>>> b = 'His name is {name}, and he is {age}, lives in {city}.'
>>> b . format (name = a [0], age = a [1], city = a [2])
'His name is Tom Hardy, and he is 39, lives in London.'
```

 Coding Drill (코딩훈련 4.)

a = ('Tom Hardy', 39, 'London')과 b = 'His name is {name}, and he is
{age}, lives in {city}.'를 만들고, . format ( ) Method를 사용하여 b . format
(name = a [0], age = a [1], city = a [2])라고 print ( ) 해봅시다!

D4-6-d4

```
>>> a = ('Tom Hardy', 39, 'London')
>>> b = 'His name is {name}, and he is {age}, lives in {city}.'
>>> print (b . format (name = a [0], age = a [1], city = a [2]))
His name is Tom Hardy, and he is 39, lives in London.
```

Coding Drill (코딩훈련 5.)

b = 'User\'s first name is {first}, and last name is {last}, and he is {age},
lives in {city}.'와 a = ('Dylan', 'O\'Brien', 27, 'New York')을 만들고,
. format ( )을 사용하여 (first = a [0], last = a [1], age = a [2], city = a [3])을
print ( ) 해봅시다!

D4-6-d5

```
>>> b = 'User\'s first name is {first}, and last name is {last}, and he is {age}, lives in {city}.'
>>> a = ('Dylan', 'O\'Brien', 27, 'New York')
>>> print (b . format (first = a [0], last = a [1], age = a [2], city = a [3]))
User's first name is Dylan, and last name is O'Brien, and he is 27, lives in New York.
```

● The Honey Tips for Coding and Computational Thinking

● The Very Basics Of Python

● Read a chapter, then do interactive exercises to make your Python knowledge stick.

● The Ultimate Beginners' Guide for Coding with Python

Data Type 5.
Dictionary 5-1 : 'Key : Value'

Data Type 5.
Dictionary 5-1 : 'Key : Value'
: '딕셔너리'의 키 : 값

Dictionary [딕셔너리 : 사전]는 '단어 : 의미'처럼
짝의 형태로 조합된 Data Type [데이터 타입 : 자료형태]입니다.
그러니까 연관된 Item [아이템 : 요소]을
한 쌍씩 배열하는 것이 Dictionary입니다.

Dictionary는 A : B의 구조이며,
이때 A는 Key [키 : 키]라고 하고,
B는 Value [밸류 : 값]라고 합니다.
그러니까 Dictionary는 Key : Value의 구조라는 것이 핵심입니다.
이렇게 Key와 Value로 대응시키는 것을
Mapping [매핑 : 대응/변환]이라고 합니다.
그래서 Dictionary에서는 Key : Value Pair [키 : 밸류 페어 : 키 : 값 쌍]
개념의 이해가 가장 중요합니다.
(Dictionary에서는 똑같은 Key를 중복하여 사용할 수 없습니다.)

Dictionary를 만드는 방법은
{ } Curly Bracket [컬리 브래킷 : 중괄호] 안에
: Colon [콜론 : 쌍점]과 , Comma [카마 : 콤마/쉼표]로
Item을 구분하여 나열합니다.

● Read a chapter, then do interactive exercises to make your Python knowledge stick.

데이터 타입 5.   딕셔너리 5-1

: Dictionary는 Key : Value Pair 개념의 이해가 가장 중요합니다.

5-1

```
dic = {'key1' : 'value1', 'key2' : 'value2'}
```

```
name = {'first' : 'Lionel', 'last' : 'Messi'}
```

```
phone = {'name' : 'Lionel Messi', 'nr.' : '555-5555'}
```

이런 방식으로 '주소, 연락처,이메일' 등을 **Dictionary**로 정리하면
각각의 정보에 쉽고 빠르게 접근할 수 있습니다.
이것이 바로 **Dictionary**가 특별히 유용한 이유입니다.

그리고 **Dictionary**는 Key만 알면 곧바로 **Value**를 찾을 수 있습니다.
Key만 알면 되기 때문에 순서나 위치를 굳이 따질 필요가 없습니다.
바로 이점이 순서가 중요했던 **String [스트링 : 문자열]**, **List [리스트 : 목록]**,
Tuple [튜플]과 결정적으로 다른 부분입니다.

Dictionary를 다른 **Data Type**으로 변환할 수도 있습니다.
Dictionary를 **List**로 변환하는 방법은 다음과 같습니다.

D5-1-01

```
>>> a = {'Noah' : 'London', 'Maria' : 'Barcelona'}
>>> list (a)
['Noah', 'Maria']
```

The Honey Tips for Coding and Computational Thinking

● The Very Basics Of Python

● Read a chapter, then do interactive exercises to make your Python knowledge stick.

● The Ultimate Beginners' Guide for Coding with Python

Data Type 5.
Dictionary 5-1 : 'Key : Value'

list (a)로 변환하면 **['Noah', 'Maria']**처럼
{ }이 **[ ]**으로 바뀌고 **Key**만 정리되어 나옵니다.

같은 방식으로 **Dictionary**를 **Tuple**로 변환할 수 있습니다.

D5-1-02

```
>>> a = {'Noah' : 'London', 'Maria' : 'Barcelona'}
>>> tuple (a)
('Noah', 'Maria')
```

그러면 이번에는 **{ }**이 **( )**으로 바뀌고, 역시 **Key**만 정리되어 나옵니다.

print ( ) Function을 함께 사용하면, 각각 다음과 같습니다.

D5-1-03

```
>>> a = {'Noah' : 'London', 'Maria' : 'Barcelona'}
>>> print (list (a))
['Noah', 'Maria']
```

D5-1-04

```
>>> a = {'Noah' : 'London', 'Maria' : 'Barcelona'}
>>> print (tuple (a))
('Noah', 'Maria')
```

● Read a chapter, then do interactive exercises to make your Python knowledge stick.

데이터 타입 5.   딕셔너리 5-1
: Dictionary는 Key : Value Pair 개념의 이해가 가장 중요합니다.

 Coding Drill (코딩훈련 1.)

'이름 : 도시명'의 쌍으로 **friends**(친구들)라는 **Dictionary**를 만들어 봅시다!
(**Noah - London, Maria - Barcelona**)

D5-1-d1

```
>>> friends = {'Noah' : 'London', 'Maria' : 'Barcelona'}
```

 Coding Drill (코딩훈련 2.)

'이름'과 '전화번호'가 있는 **contact** (연락처)라는 **Dictionary**를 만들어 봅시다!
(**name - Lionel Messi, num - 555-5555**)

D5-1-d2

```
>>> contact = {'name' : 'Lionel Messi', 'num' : '555-5555'}
```

 Coding Drill (코딩훈련 3.)

friends = {'Noah' : 'London', 'Maria' : 'Barcelona'}라는
Dictionary를 만들고, **list ( )**를 사용하여 **friends**를 List로 변환해봅시다!

● The Honey Tips for Coding and Computational Thinking

● The Very Basics Of Python

Data Type 5.
Dictionary 5-1 : 'Key : Value'

D5-1-d3

```
>>> friends = {'Noah' : 'London', 'Maria' : 'Barcelona'}
>>> list (friends)
['Noah', 'Maria']
```

 Coding Drill (코딩훈련 4.)

contact = {'name' : 'Lionel Messi', 'num' : '555-5555'}라는
Dictionary를 만들고, **tuple ( )**을 사용하여 **contact**를 **Tuple**로 변환해봅시다!

D5-1-d4

```
>>> contact = {'name' : 'Lionel Messi', 'num' : '555-5555'}
>>> tuple (contact)
('name', 'num')
```

 Coding Drill (코딩훈련 5.)

contact = {'name' : 'Cristiano Ronaldo', 'num' : '555-5556'}이라는
Dictionary를 만들고, **list ( )**를 사용하여 **contact**를 **print ( )** 해봅시다!

D5-1-d5

```
>>> contact = {'name' : 'Cristiano Ronaldo', 'num' : '555-5556'}
>>> print (list (contact))
['name', 'num']
```

● EASY
Learn How to Code Step by Step!

● SMART
Learn Python with the Compact Guide!

● QUICK
Learn Python in Short Way Ever!

● The Ultimate Beginners' Guide for Coding with Python

아! 잠깐만yo!
think like programer

Data Type의 Type

우리는 지금까지 **Python**의 5가지
Data Type [데이터 타입 : 자료형태]을 차례로 만나고 있습니다.

5가지 중 첫 번째 **Number** [넘버 : 숫자]와
두 번째의 **String** [스트링 : 문자열]은
Base Type [베이스 타입 : 기본형]이라고 하고,
그리고 나머지 3가지,
List [리스트 : 목록], **Tuple** [튜플],
Dictionary [딕셔너리 : 사전]는
Container Type [컨테이너 타입 : 저장형]이라고 합니다.

그리고 이들 3가지 **Container Type**은
각각 '저장 방식'이 다릅니다. 즉,
List는 [ ] **Square Bracket** [스퀘어 브래킷 : 대괄호] 안에,
Tuple은 ( ) **Round Bracket** [라운드 브래킷 : 소괄호] 안에,
Dictionary는 { } **Curly Bracket** [컬리 브래킷 : 중괄호] 안에 저장합니다.

때문에 **Bracket** [브래킷 : 괄호]의 모양만으로
Data Type을 구분할 수 있다는 것이죠.

● The Honey Tips for Coding and Computational Thinking

● The Very Basics Of Python

● Read a chapter, then do interactive exercises to make your Python knowledge stick.

● The Ultimate Beginners' Guide for Coding with Python

Data Type 5.
Dictionary 5-2 : keys, values, items

Data Type 5.
Dictionary 5-2 : keys, values, items
: '딕셔너리'의 키들, 값들, 요소들

Dictionary [딕셔너리 : 사전] 전용 Method [메써드 : 방법] 3가지를 소개합니다.
Method는 기본적으로 a . Method ( )의 형태입니다.
. keys ( ) [닷 키즈 메써드]는 Dictionary에서 Key만을 보여줍니다.
. values ( ) [닷 밸류스 메써드]는 Dictionary에서 Value만을 보여줍니다.
. items ( ) [닷 아이템즈 메써드]는 Dictionary의 모든 Item들을 보여줍니다.

자! 그러면 하나씩 살펴보겠습니다.
먼저 . keys ( ) Method입니다.
a . keys ( ) Method는
a라는 Dictionary 안의 모든 Keys를 보여줍니다.

D5-2-01

```
>>> a = {'Noah' : 'London', 'Maria' : 'Barcelona'}
>>> a . keys ()
dict_keys(['Noah', 'Maria'])
```

그러면 dict_keys 즉 Dictionary의 Keys라고 밝혀주고,
Keys에 해당하는 Item들만 골라내어 [ ] List의 형식으로 보여줍니다.
[ ] List로 정리한 이유는 Key만 있다면 더 이상 Dictionary가 아니기 때문입니다.

데이터 타입 5. 딕셔너리 5-2 5-2

: Dictionary 전용 . keys, . values, . items Method가 있습니다.

다음은 . values ( ) Method입니다.
a . values ( ) Method는
a라는 Dictionary 안의 모든 Values를 보여줍니다.

D5-2-02

```
>>> a = {'Noah' : 'London', 'Maria' : 'Barcelona'}
>>> a . values ()
dict_values(['London', 'Barcelona'])
```

그러면 마찬가지로 dict_values 즉 Dictionary의 Values라고 밝혀주고,
Values에 해당하는 Item들만 골라내어 [ ] List로 보여줍니다.
그리고 다음은 . items ( ) Method입니다.
a . items ( ) Method는 a라는 Dictionary 안의 모든 Items를 보여줍니다.

D5-2-03

```
>>> a = {'Noah' : 'London', 'Maria' : 'Barcelona'}
>>> a . items ()
dict_items([('Noah', 'London'), ('Maria', 'Barcelona')])
```

그러면 dict_items 즉 Dictionary의 Items라고 밝혀주고,
모든 Item들을 괄호 안에 쌍으로 구분하여, [ ] List로 보여줍니다.
print ( ) Function을 함께 사용하면, 각각 다음과 같습니다.

```
print (a . keys ( ))
print (a . values ( ))
print (a . items ( ))
```

The Honey Tips for Coding and Computational Thinking

● The Very Basics Of Python

● The Ultimate Beginners' Guide for Coding with Python

Data Type 5.
Dictionary 5-2 : keys, values, items

Coding Drill (코딩훈련 1.)

friends = {'Maria' : 'Barcelona', 'Anna' : 'Berlin'}이라는 **Dictionary**를 만들고,
. keys ( ) [닷 키즈 메써드]를 사용하여 **friends**에 어떤 **keys**가 있는지 확인해봅시다!

D5-2-d1

```
>>> friends = {'Maria' : 'Barcelona', 'Anna' : 'Berlin'}
>>> friends . keys ()
dict_keys(['Maria', 'Anna'])
```

Coding Drill (코딩훈련 2.)

friends = {'Maria' : 'Barcelona', 'Anna' : 'Berlin'}이라는 **Dictionary**를 만들고,
. keys ( )를 사용하여 **friends**에 어떤 **keys**가 있는지 **print ( )** 해봅시다!

D5-2-d2

```
>>> friends = {'Maria' : 'Barcelona', 'Anna' : 'Berlin'}
>>> print (friends . keys ())
dict_keys(['Maria', 'Anna'])
```

Coding Drill (코딩훈련 3.)

friends = {'Maria' : 'Barcelona', 'Anna' : 'Berlin'}이라는 **Dictionary**를
만들고, **. values ( )** [닷 밸류스 메써드]를 사용하여 **friends**에 어떤 **values**가 있는지
확인해봅시다!

데이터 타입 5. 딕셔너리 5-2

: Dictionary 전용 . keys, . values, . items Method가 있습니다.

D5-2-d3

```
>>> friends = {'Maria' : 'Barcelona', 'Anna' : 'Berlin'}
>>> friends . values ()
dict_values(['Barcelona', 'Berlin'])
```

 ## Coding Drill (코딩훈련 4.)

friends = {'Maria' : 'Barcelona', 'Anna' : 'Berlin'}이라는 **Dictionary**를 만들고,
. values ( )를 사용하여 **friends**에 어떤 **values**가 있는지 **print ( )** 해봅시다!

D5-2-d4

```
>>> friends = {'Maria' : 'Barcelona', 'Anna' : 'Berlin'}
>>> print (friends . values ())
dict_values(['Barcelona', 'Berlin']).
```

 ## Coding Drill (코딩훈련 5.)

friends = {'Maria' : 'Barcelona', 'Anna' : 'Berlin'}이라는 **Dictionary**를
만들고, **. items ( )** [닷 아이템스 메써드]를 사용하여 **friends**에 어떤 **items**가 있는지
print ( ) 해봅시다!

D5-2-d5

```
>>> friends = {'Maria' : 'Barcelona', 'Anna' : 'Berlin'}
>>> print (friends . items ())
dict_items([('Maria', 'Barcelona'), ('Anna', 'Berlin')])
```

● The Honey Tips for Coding and Computational Thinking

● The Very Basics Of Python

● Read a chapter, then do interactive exercises to make your Python knowledge stick.

● The Ultimate Beginners' Guide for Coding with Python
Data Type 5.
Dictionary 5-3 : update

Data Type 5.
Dictionary 5-3 : update
: '딕셔너리'의 갱신

Dictionary [딕셔너리 : 사전]의 부분적인 수정은
내용을 다시 지정하는 것만으로 간단하게 해결할 수 있습니다.
예를 들어 주소록의 일부 정보를 수정할 때 유용한 방법이 되겠습니다.
수정하는 방법은 **a ['x'] = 'y'**, 즉
'**Dictionary a**의 **['x']**는 이제부터 **= 'y'**이다!'라고 하고 **print ( )** 하면 됩니다.
x라는 **Key**가 새로운 **Value**를 획득하는 순간입니다.

D5-3-01

```
>>> a = {'Noah' : 'London', 'Maria' : 'Barcelona'}
>>> a ['Noah'] = 'Paris'
>>> print (a)
{'Noah' : 'Paris', 'Maria' : 'Barcelona'}
```

그러면 **'Noah'**의 주소가 **'Paris'**로 변경되었고,
a는 새로운 **Dictionary**가 되는 것입니다.
다음과 같이 나이/번호 등의 숫자를 수정할 때는
a ['x'] += y, a ['x'] -= y, a ['x'] *= y, a ['x'] /= y
등의 등식을 사용하여 '가감승제'할 수 있습니다.
직접 숫자를 수정하기보다는 일괄적으로 수정할 때 유용합니다.
그리고 숫자는 **Integer** [인티저 : 정수] **Data Type**이기 때문에
String에 사용하는 **' '** [쿼테이션 : 따옴표]이 필요 없습니다.

데이터타입 5. 딕셔너리 5-3

: Dictionary의 부분 수정은 내용을 다시 지정하기만 하면 됩니다.

D5-3-02

```
>>> b = {'name' : 'Maria', 'age' : 24}
>>> b ['age'] += 1
>>> print (b)
{'name' : 'Maria', 'age' : 25}
```

D5-3-03

```
>>> b = {'name' : 'Maria', 'age' : 24}
>>> b ['age'] -= 1
>>> print (b)
{'name' : 'Maria', 'age' : 23}
```

D5-3-04

```
>>> b = {'name' : 'Maria', 'age' : 24}
>>> b ['age'] *= 2
>>> print (b)
{'name' : 'Maria', 'age' : 48}
```

D5-3-05

```
>>> b = {'name' : 'Maria', 'age' : 24}
>>> b ['age'] /= 2
>>> print (b)
{'name' : 'Maria', 'age' : 12.0}
```

그리고 **Dictionary**의 **Key** 또는 다수의 정보를 한꺼번에 수정할 때는
. update ( ) [닷 업데이트 메써드 : 새롭게 하다/갱신 메써드]를 사용하면 됩니다

D5-3-06

```
>>> c = {'Maria' : 'Barcelona', 'Anna' : 'Berlin'}
>>> c . update ({'Juna' : 'Seoul'})
>>> print (c)
{'Maria': 'Barcelona', 'Anna': 'Berlin', 'Juna': 'Seoul'}
```

● **The Honey Tips** for **Coding** and **Computational Thinking**

● **The Very Basics** Of Python

● The Ultimate Beginners' Guide for Coding with Python

Data Type 5.
Dictionary 5-3 : update

 Coding Drill (코딩훈련 1.)

friends = {'Maria' : 'Barcelona', 'Anna' : 'Berlin'}이라는 **Dictionary**를 만들고,
'Maria'의 주소를 'Paris'로 변경하고, 그리고 friends를 print ( ) 해봅시다!
a ['x'] = 'y'

D5-3-d1

```
>>> friends = {'Maria' : 'Barcelona', 'Anna' : 'Berlin'}
>>> friends ['Maria'] = 'Paris'
>>> print (friends)
{'Maria': 'Paris', 'Anna': 'Berlin'}
```

 Coding Drill (코딩훈련 2.)

friends = {'name' : 'Anna', 'age' : 24}라는 **Dictionary**를 만들고, 'Anna'의
나이를 한 살 더 적게 수정하고, 그리고 friends를 print ( ) 해봅시다! a ['x'] -= y

D5-3-d2

```
>>> friends = {'name' : 'Anna', 'age' : 24}
>>> friends ['age'] -= 1
>>> print (friends)
{'name' : 'Anna', 'age' : 23}
```

 Coding Drill (코딩훈련 3.)

fruits = {'apple' : 2, 'banana' : 4}라는 **Dictionary**를 만들고, 'apple'의 양이
2배로 늘었다고 하고, 그리고 fruits를 print ( ) 해봅시다! a ['x'] *= y

데이터 타입 5. 딕셔너리 5-3

: Dictionary의 부분 수정은 내용을 다시 지정하기만 하면 됩니다.

D5-3-d3

```
>>> fruits = {'apple' : 2, 'banana' : 4}
>>> fruits ['apple'] *= 2
>>> print (fruits)
{'apple' : 4, 'banana' : 4}
```

 Coding Drill (코딩훈련 4.)

fruits = {'apple' : 4, 'banana' : 4}라는 Dictionary를 만들고, 'banana'의
양이 1/2배로 줄었다고 하고, 그리고 fruits를 print ( ) 해봅시다! a ['x'] /= y

D5-3-d4

```
>>> fruits = {'apple' : 4, 'banana' : 4}
>>> fruits ['banana'] /= 2
>>> print (fruits)
{'apple': 4, 'banana': 2.0}
```

 Coding Drill (코딩훈련 5.)

friends = {'Maria' : 'Barcelona', 'Anna' : 'Berlin'}이라는 Dictionary를
만들고, 'Anna'의 주소를 'Seoul'로 갱신하고, 그리고 friends를 print ( ) 해봅시다!
a . update ({ : })

D5-3-d5

```
>>> friends = {'Maria' : 'Barcelona', 'Anna' : 'Berlin'}
>>> friends . update ({'Anna' : 'Seoul'})
>>> print (friends)
{'Maria': 'Barcelona', 'Anna': 'Seoul'}
```

● Read a chapter, then do interactive exercises to make your Python knowledge stick.

● The Ultimate Beginners' Guide for Coding with Python
Data Type 5.
Dictionary 5-4 : len, del

Data Type 5.
Dictionary 5-4 : len, del
: '딕셔너리'의 갯수, 삭제

Dictionary [딕셔너리 : 사전]를 다루는 기본적인
Function [펑션 : 기능/함수] 2가지를 소개합니다.
len ( ) [렌 펑션]은 Dictionary에서 Key : Value Pair [키 : 밸류 페어 : 키 : 값 쌍]의
Length [랭스 : 길이/갯수]를 구할 때, del ( ) [델 펑션]은 Dictionary에서
Key : Value Pair를 Delete [델리트 : 삭제]할 때 사용합니다.

먼저 a라는 Dictionary의 길이를 알아보겠습니다.
len ( )으로 Dictionary의 갯수를 확인하고, print ( ) 할 수 있습니다.

D5-4-01

```
>>> a = {'Noah' : 'London', 'Maria' : 'Barcelona'}
>>> len (a)
2
```

D5-4-02

```
>>> a = {'Noah' : 'London', 'Maria' : 'Barcelona'}
>>> print (len (a))
2
```

결과는 2가 나옵니다. 즉, Dictionary는 한 쌍이 한 개의
Item [아이템 : 요소]이기 때문입니다.
len ( )이나, print (len ( )) 모두 같은 결과를 얻을 수 있습니다.

● Read a chapter, then do interactive exercises to make your Python knowledge stick.

데이터타입 5. 딕셔너리 5-4
: Dictionary를 다루는 len ( ), del ( ) Function이 있습니다.

5-4

다음은 **Dictionary**의 **Item**을 삭제하는 방법입니다.
삭제는 **del a [ ]**로 하면 됩니다. 즉, '삭제해라 **a**에서 **[ ]**를'입니다.
[ ] 안에는 삭제할 **Key**를 삽입하면 됩니다.

D5-4-03

```
>>> a = {'Maria' : 'Barcelona', 'Anna' : 'Berlin'}
>>> del a ['Maria']
>>> print (a)
{'Anna' : 'Berlin'}
```

'Maria'라는 **Key**를 **Delete** 하면 **'Barcelona'**라는 **Value**도 함께 삭제됩니다.
Dictionary는 **Key**로 조작하는 것이고,
Key와 **Value**가 쌍으로 동시에 처리되기 때문입니다.

그리고 **del a**라고만 하면 **a**라는 **Dictionary** 자체가
통째로 삭제되어 더 이상 존재하지 않게 됩니다.

D5-4-04

```
>>> a = {'Maria' : 'Barcelona', 'Anna' : 'Berlin'}
>>> del a
>>> print (a)
...
(...)NameError: name 'a' is not defined
```

이상의 **Error Message** [에러 메시지 : 오류 메시지]는
NameError: [네임에러 : 이름오류]가 있고, 그 내용은
name 'a' is not defined 즉 "**a**"라는 이름이 정의되지 않았다"라는 것은
'a'라는 이름이 존재하지 않는다는 것과 같은 의미입니다.

● The Honey Tips for Coding and Computational Thinking

● The Very Basics Of Python

● The Ultimate Beginners' Guide for Coding with Python

Data Type 5.
Dictionary 5-4 : len, del

 Coding Drill (코딩훈련 1.)

friends = {'Maria' : 'Barcelona', 'Anna' : 'Berlin'}이라는 **Dictionary**를
만들고, **len ( )**을 사용하여 **friends**의 수를 확인해봅시다!

D5-4-d1

```
>>> friends = {'Maria' : 'Barcelona', 'Anna' : 'Berlin'}
>>> len (friends)
2
```

 Coding Drill (코딩훈련 2.)

friends = {'Maria' : 'Barcelona', 'Anna' : 'Berlin'}이라는 **Dictionary**를
만들고, **len ( )**을 사용하여 **friends**의 수를 **print ( )** 해봅시다!

D5-4-d2

```
>>> friends = {'Maria' : 'Barcelona', 'Anna' : 'Berlin'}
>>> print (len (friends))
2
```

 Coding Drill (코딩훈련 3.)

friends = {'Maria' : 'Barcelona', 'Anna' : 'Berlin'}이라는 **Dictionary**를
만들고, **del friends [ ]**를 사용하여 **'Anna'**를 삭제하고, 그리고 **friends**를
print ( ) 해봅시다!

● We can learn **complete primary skills** of **Python fast** and **fun.**

● Python Tutorial for **Absolute Beginners**

● Read a chapter, then do interactive exercises to make your Python knowledge stick.

데이터 타입 5. 딕셔너리 5-4 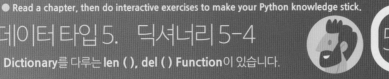 5-4

: Dictionary를 다루는 len ( ), del ( ) Function이 있습니다.

D5-4-d3

```
>>> friends = {'Maria' : 'Barcelona', 'Anna' : 'Berlin'}
>>> del friends ['Anna']
>>> print (friends)
{'Maria' : 'Barcelona'}
```

 Coding Drill (코딩훈련 4.)

friends = {'Noah' : 'London', 'Maria' : 'Barcelona'}라는 Dictionary를
만들고, del friends [ ]를 사용하여 'Noah'를 삭제하고, 그리고 friends를
print ( ) 해봅시다!

D5-4-d4

```
>>> friends = {'Noah' : 'London', 'Maria' : 'Barcelona'}
>>> del friends ['Noah']
>>> print (friends)
{'Maria' : 'Barcelona'}
```

 Coding Drill (코딩훈련 5.)

friends = {'Maria' : 'Barcelona'}라는 Dictionary를 만들고, del friends [ ]를
사용하여 'Maria'를 삭제하고, 그리고 friends를 print ( ) 해봅시다!
(그러면 속이 빈 Dictionary를 확인할 수 있습니다.)

D5-4-d5

```
>>> friends = {'Maria' : 'Barcelona'}
>>> del friends ['Maria']
>>> print (friends)
{}
```

● The Honey Tips for Coding and Computational Thinking

● The Very Basics Of Python

● Read a chapter, then do interactive exercises to make your Python knowledge stick.

● The Ultimate Beginners' Guide for Coding with Python

Data Type 5.
Dictionary 5-5 : pop, get, clear

Data Type 5.
Dictionary 5-5 : pop, get, clear
: '딕셔너리'의 추출, 얻기, 지우기

Dictionary [딕셔너리 : 사전]는 다양한 형태의
Data [데이터]를 담을 수 있습니다.
다음은 인물의 신상정보(이름, 나이, 취미)를 정리한
Dictionary입니다. 한번 확인해 보겠습니다.

> a = {'name' : 'Ian', 'age' : 24, 'hobby' : ['driving', 'swimming']}

보시면 이름 'Ian'은 String [스트링 : 문자열]이고,
나이 24는 Number [넘버 : 숫자]이며,
취미는 수정이 가능한 List [리스트 : 목록]로 정리되어 있습니다.
그래서 다양한 형태의 Item을 담고 있는 Dictionary를 확인할 수 있습니다.

이렇게 다양한 Data의 Dictionary를 다루는
Method [메써드 : 방법] 3가지를 소개합니다.

. pop ( ) [닷 팝 메써드]는 특정 Item을 뽑아낼 수 있습니다.
pop은 Popping Up [팝핑 업 : 튀어 나오다]이라는 뜻입니다.
. pop ( )를 하면 Dictionary에 더 이상 존재하지 않습니다.

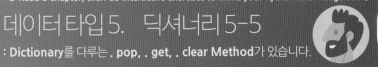

데이터 타입 5. 딕셔너리 5-5

5-5

: Dictionary를 다루는 . pop, . get, . clear Method가 있습니다.

D5-5-01

```
>>> a = {'name' : 'Ian', 'age' : 24}
>>> a . pop ('age')
24
>>> print (a)
{'name' : 'Ian'}
```

. get ( ) [닷 겟 메써드]는 원하는 **Key** [키]의 **Value** [밸류 : 값]를 알 수 있습니다.
. get ( ) 하더라도 이후 **Dictionary** 자체에 대한 변화는 없습니다.
이점이 바로 **. get ( )**와 **. pop ( )**의 차이점입니다.

D5-5-02

```
>>> b = {'Noah' : 'London', 'Anna' : 'Berlin'}
>>> b . get ('Noah')
'London'
>>> print (b)
{'Noah' : 'London', 'Anna' : 'Berlin'}
```

. clear ( ) [닷 클리어 메써드]는 **Item** 전체를 지울 때 사용합니다.
그래서 결과적으로는 빈 **{ } Dictionary**만 남게 됩니다.

D5-5-03

```
>>> c = {'Maria' : 'Barcelona', 'Anna' : 'Berlin'}
>>> c . clear ()
>>> print (c)
{}
```

The Honey Tips for Coding and Computational Thinking

● The Very Basics Of Python

● The Ultimate Beginners' Guide for Coding with Python

Data Type 5.
Dictionary 5-5 : pop, get, clear

 Coding Drill (코딩훈련 1.)

bf = {'name' : 'Ian', 'age' : 24, 'hobby' : 'swimming'}이라는 **Dictionary**를
만들고, . pop ( ) [닷 팝 메써드]를 사용하여 **'hobby'**를 뽑아내고, 그리고 **bf**를
print ( ) 해봅시다!

D5-5-d1

```
>>> bf = {'name' : 'Ian', 'age' : 24, 'hobby' : 'swimming'}
>>> bf . pop ('hobby')
'swimming'
>>> print (bf)
{'name' : 'Ian', 'age' : 24}
```

 Coding Drill (코딩훈련 2.)

friends = {'Noah' : 'London', 'Anna' : 'Berlin'}이라는 **Dictionary**를 만들고,
. get ( ) [닷 겟 메써드]를 사용하여 **friends**에서 **'Noah'**의 도시를 **print ( )** 해봅시다!

D5-5-d2

```
>>> friends = {'Noah' : 'London', 'Anna' : 'Berlin'}
>>> print (friends . get ('Noah'))
London
```

Coding Drill (코딩훈련 3.)

friends = {'Noah' : 'London', 'Anna' : 'Berlin'}이라는 **Dictionary**를 만들고,
. get ( )를 사용하여 **friends**에서 **'Anna'**의 도시를 **print ( )** 해봅시다!

● Read a chapter, then do interactive exercises to make your Python knowledge stick.

데이터 타입 5. 딕셔너리 5-5

: Dictionary를 다루는 . pop, . get, . clear Method가 있습니다.

D5-5-d3

```
>>> friends = {'Noah' : 'London', 'Anna' : 'Berlin'}
>>> print (friends . get ('Anna'))
Berlin
```

🧑 Coding Drill (코딩훈련 4.)

friends = {'Noah' : 'London', 'Anna' : 'Berlin'}이라는 Dictionary를 만들고,
. get ( )를 사용하여 friends에 존재하지 않는 'Mina'를 print ( ) 해봅시다!
(None은 '존재하지 않는다'라는 뜻입니다.)

D5-5-d4

```
>>> friends = {'Noah' : 'London', 'Anna' : 'Berlin'}
>>> print (friends. get ('Mina'))
None
```

🧑 Coding Drill (코딩훈련 5.)

friends = {'Noah' : 'London', 'Anna' : 'Berlin'}이라는 Dictionary를 만들고,
. clear ( ) [닷 클리어 메써드]를 사용하여 모든 Item을 지우고, 그리고 friends를
print ( ) 해봅시다! ({ }는 속이 빈 Dictionary입니다.)

D5-5-d5

```
>>> friends = {'Noah' : 'London', 'Anna' : 'Berlin'}
>>> friends . clear ()
>>> print (friends)
{}
```

● The Honey Tips for Coding and Computational Thinking

● The Very Basics Of Python

● Read a chapter, then do interactive exercises to make your Python knowledge stick.

● The Ultimate Beginners' Guide for Coding with Python

Data Type 5.
Dictionary 5-6 : Nesting

Data Type 5.
Dictionary 5-6 : Nesting
: '딕셔너리'의 내포화

이번에는 **Dictionary** [**딕셔너리 : 사전**]의 유용한 기능 중에 하나인
Nesting [**네스팅 : 내포화**]에 데히 알이보겠습니다.
Nesting은 쉽게 말해서 **Dictionary** 안에
또 다른 작은 **Dictionary**를 담는 것을 말합니다.
(Dictionary in Dictionary)
마치 새집 안에 새가 있고, 그 새가 새알을 품고 있는 형태여서
Nesting (알품기)이라고 합니다.

Nesting을 연습해 보겠습니다.
'성명'을 '이름'과 '성'으로 나누어 **Dictionary**로 만들겠습니다.
'name' - 'first' - 'Tom' - 'last' - 'Hardy'

> a = {'name' : {'firstName' : 'Tom', 'lastName' : 'Hardy'}}

name이라는 **Dictionary** 안에 또 다른 **Dictionary**로
'이름'과 '성'을 정리했습니다. 바로 이런 것을 **Nesting**이라고 합니다.

그러면 **Nesting Data**를 조작해 보겠습니다.
먼저 **Key** [**키**]를 통해 **Value** [**밸류 : 값**] 찾기입니다.
성명과 연락처를 **a**라는 **Dictionary**로 만듭니다.

데이터 타입 5. 딕셔너리 5-6

5-6

: Nesting은 Dictionary in Dictionary를 의미합니다.

D5-6-01

```
>>> a = {'name' : {'first' : 'Tom',
... 'last' : 'Hardy'}, 'tel' : '555-5555'}
>>> a ['name'] ['first']
'Tom'
```

D5-6-02

```
>>> a = {'name' : {'first' : 'Tom',
... 'last' : 'Hardy'}, 'tel' : '555-5555'}
>>> a ['name'] ['last']
'Hardy'
```

이처럼 **Nesting**에 접근하려면 두 개의 **Key**가 필요합니다.

다음은 **Nesting Data**의 '삭제'입니다.
삭제는 **del ( )**을 사용하면 됩니다.
그리고 **print ( )** 하면 삭제 후 나머지 **Item**만 남게 됩니다.

D5-6-03

```
>>> a = {'name' : {'first' : 'Tom',
... 'last' : 'Hardy'}, 'tel' : '555-5555'}
>>> del a ['name'] ['first']
>>> print (a)
{'name': {'last' : 'Hardy'}, 'tel' : 555-5555}
```

D5-6-04

```
>>> a = {'name' : {'last' : 'Hardy'},
... 'tel' : '555-5555'}
>>> del a ['name'] ['last']
>>> print (a)
{'name' : {}, 'tel' : 555-5555}
```

● The Honey Tips for Coding and Computational Thinking

● The Very Basics Of Python

● The Ultimate Beginners' Guide for Coding with Python

Data Type 5.
Dictionary 5-6 : Nesting

● We can learn **complete primary skills** of **Python fast** and **fun.**

● Python Tutorial for Absolute Beginners

 Coding Drill (코딩훈련 1.)

bff (절친)라는 **Dictionary**를 **Nesting** [네스팅 : 내포화] 해봅시다!
성명을 '이름과 성'으로 나누어 **Nesting**하고, 거주지를 연결합니다.
name, first - Dua, last - Lipa, home - London

D5-6-d1

```
>>> bff = {'name' : {'first' : 'Dua',
... 'last' : 'Lipa'}, 'home' : 'London'}
```

 Coding Drill (코딩훈련 2.)

bff = {'name' : {'first' : 'Dua', 'last' : 'Lipa'}, 'home' : 'London'}이라는
Dictionary를 만들고, **bff**에서 **['name'] ['first']** (이름)를 추출해 **print ( )** 합시다!

D5-6-d2

```
>>> bff = {'name' : {'first' : 'Dua',
... 'last' : 'Lipa'}, 'home' : 'London'}
>>> bff ['name'] ['first']
'Dua'
```

 Coding Drill (코딩훈련 3.)

bff = {'name' : {'first' : 'Dua', 'last' : 'Lipa'}, 'home' : 'London'}이라는
Dictionary를 만들고, **bff**에서 **['name'] ['last']** (성)를 추출해봅시다!

● Read a chapter, then do interactive exercises to make your Python knowledge stick.

데이터 타입 5.   딕셔너리 5-6    5-6

: Nesting은 Dictionary in Dictionary를 의미합니다.

D5-6-d3

```
>>> bff = {'name' : {'first' : 'Dua',
... 'last' : 'Lipa'}, 'home' : 'London'}
>>> print (bff ['name'] ['last'])
Lipa
```

Coding Drill (코딩훈련 4.)

bff = {'name' : {'first' : 'Dua', 'last' : 'Lipa'}, 'home' : 'London'}이라는
Dictionary를 만들고, ['home'] (거주지)을 'Paris'로 수정하고,
그리고 bff를 print ( ) 해봅시다!

D5-6-d4

```
>>> bff = {'name' : {'first' : 'Dua',
... 'last' : 'Lipa'}, 'home' : 'London'}
>>> bff ['home'] = 'Paris'
>>> print (bff)
{'name' : {'first' : 'Dua', 'last' : 'Lipa'}, 'home' : 'Paris'}
```

Coding Drill (코딩훈련 5.)

bff = {'name' : {'first' : 'Dua', 'last' : 'Lipa'}, 'home' : 'Paris'}라는
Dictionary를 만들고, ['name'] ['first'] (이름)를 삭제하고,
그리고 bff를 print ( ) 해봅시다!

D5-6-d5

```
>>> bff = {'name' : {'first' : 'Dua',
... 'last' : 'Lipa'}, 'home' : 'Paris'}
>>> del bff ['name'] ['first']
>>> print (bff)
{'name': {'last' : 'Lipa'}, 'home' : 'Paris'}
```

The Honey Tips for Coding and Computational Thinking

The Very Basics Of Python

● Read a chapter, then do interactive exercises to make your Python knowledge stick.

● The Ultimate Beginners' Guide for Coding with Python
Data Type 5.
Dictionary 5-7 : Set

Data Type 5.
Dictionary 5-7 : Set

: '집합'

Set [쎗 : 세트]은 수학에서 말하는 '집합'의 개념입니다.
그러니까 **Set**은 중복되는 **Item [아이템 : 요소]**을
제외한 나머지의 모음입니다.

Set은 **{ } Curly Bracket [컬리 브래킷 : 중괄호]**으로 표시하며,
set ( )에 **String [스트링 : 문자열]**을 입력하거나
또는 **set ( )**에 **List [리스트 : 목록]**를 입력하여 표현할 수 있습니다.

경우에 따라서 **Set**을 6번째 **Data Type**
[데이터 타입 : 자료형태]으로 구분하기도 하지만,
특별히 **Dictionary [딕셔너리 : 사전]** 파트에서 소개하는 이유는
Dictionary처럼 **{ }** 안에 담는다는 점과
자주 **List [리스트]**나 **Tuple [튜플]**과 비교되는
Data Type [데이터 타입 : 자료형태]이기 때문입니다.
그래서 종종 **Set**을 **List** 파트에서 함께 소개하기도 합니다.

Set의 장점은 **List**나 **Tuple**보다 '처리 속도'가 빠르다는 것입니다.
Set은 다음과 같이 중복되는 **Item**은 제거하고, **{ }** 안에 무작위로 정리됩니다.

● Read a chapter, then do interactive exercises to make your Python knowledge stick.

데이터 타입 5. 딕셔너리 5-7  5-7

: Set은 중복되는 Item을 제외한 나머지의 모음입니다.

D5-7-01

```
>>> a = set ('John')
>>> a
{'h', 'J', 'o', 'n'}
```

D5-7-02

```
>>> b = set ('banana')
>>> b
{'n', 'a', 'b'}
```

D5-7-03

```
>>> c = set (['apple', 'cherry', 'apple'])
>>> c
{'cherry', 'apple'}
```

a라는 String [문자열]의 경우, 각각의 요소로 분리되어 정리되었고,
b라는 String의 경우, 중복되는 문자가 제거되었으며,
c라는 List [리스트]의 경우, 중복되는 Item이 제거되었습니다.
이때 { } 안에는 무작위 순으로 결과가 나타났습니다.

Set 역시 List나 Tuple에 사용하였던 여러 가지
Method [메써드 : 방법]들을 그대로 사용할 수 있습니다.

. add ( ) [닷 에드 메써드]로 Item을 추가할 수 있습니다.
이때 이미 존재하는 동일한 Item은 추가되지 않습니다.

● The Honey Tips for Coding and Computational Thinking

● The Very Basics Of Python

● Read a chapter, then do interactive exercises to make your Python knowledge stick.

● The Ultimate Beginners' Guide for Coding with Python

Data Type 5.
Dictionary 5-7 : Set

D5-7-04

```
>>> a = set (['sun', 'moon'])
>>> a . add ('star')
>>> print (a)
{'moon', 'star', 'sun'}
```

. update ( ) [닷 업데이트 메써드]로 여러 개의 **Item**을 갱신할 수 있습니다.

D5-7-05

```
>>> a = set (['sun', 'moon'])
>>> a . update (['star', 'cloud'])
>>> print (a)
{'moon', 'star', 'sun', 'cloud'}
```

. remove ( ) [닷 리무브 메써드]로 **Item**을 제거할 수 있습니다.

D5-7-06

```
>>> a = set (['sun', 'moon', 'star', 'cloud'])
>>> a . remove ('cloud')
>>> print (a)
{'sun', 'moon', 'star'}
```

. pop ( ) [닷 팝 메써드]로 **Item**을 무작위로 뽑아낼 수 있습니다.
이때 . pop ( )로 **Item**을 뽑아내면 이후 더 이상 **Set**에 존재하지 않습니다.

데이터 타입 5. 딕셔너리 5-7  5-7

: Set은 중복되는 **Item**을 제외한 나머지의 모음입니다.

D5-7-07

```
>>> a = set (['sun', 'moon', 'star'])
>>> a . pop ()
'star'
>>> print (a)
{'moon', 'sun'}
```

. clear ( ) [닷 클리어 메써드]로 **Item** 모두를 지울 수 있습니다.
모두 지우게 되면 결과적으로 빈 **set ( )**만 남게 됩니다.

D5-7-08

```
>>> a = set (['sun', 'moon', 'star'])
>>> a . clear ()
>>> print (a)
set ()
```

● The Honey Tips for Coding and Computational Thinking

● The Very Basics Of Python

● The Ultimate Beginners' Guide for Coding with Python

Data Type 5.
Dictionary 5-7 : Set

We can learn **complete primary skills** of **Pyth** on **fast** and **fun.**

● Python Tutorial for Absolute Beginners

 Coding Drill (코딩훈련 1.)

fam = set (['mom', 'dad'])를 만들고, **. add ( )** [닷 에드 메써드]를
사용하여 **'kid'**를 '추가'하고, 그리고 **fam**을 **print ( )** 해봅시다!

D5-7-d1

```
>>> fam = set (['mom', 'dad'])
>>> fam . add ('kid')
>>> print (fam)
{'kid', 'dad', 'mom'}
```

 Coding Drill (코딩훈련 2.)

fam = set (['mom', 'dad'])를 만들고, **. update ( )** [닷 업데이트 메써드]를
사용하여 **{'bro', 'sis'}**를 '갱신'하고, 그리고 **fam**을 **print ( )** 해봅시다!

D5-7-d2

```
>>> fam = set (['mom', 'dad'])
>>> fam . update (['bro', 'sis'])
>>> print (fam)
{'sis', 'bro', 'dad', 'mom'}
```

 Coding Drill (코딩훈련 3.)

fam = set (['sis', 'bro', 'dad', 'mom'])을 만들고, **. remove ( )**
[닷 리무브 메써드]를 사용하여 **'sis'**를 '지우고', 그리고 **fam**을 **print ( )** 해봅시다!

데이터 타입 5. 딕셔너리 5-7

: Set은 중복되는 **Item**을 제외한 나머지의 모음입니다.

D5-7-d3

```
>>> fam = set (['sis', 'bro', 'dad', 'mom'])
>>> fam . remove ('sis')
>>> print (fam)
{'mom', 'dad', 'bro'}
```

Coding Drill (코딩훈련 4.)

fam = set (['sis', 'bro', 'dad', 'mom'])을 만들고, **. pop ( )** [닷 팝 메써드]를
사용하여 **Item**을 '뽑아내고', 그리고 **fam**을 **print ( )** 해봅시다!

D5-7-d4

```
>>> fam = set (['sis', 'bro', 'dad', 'mom'])
>>> fam . pop ()
'mom'
>>> print (fam)
{'dad', 'sis', 'bro'}
```

Coding Drill (코딩훈련 5.)

fam = set (['sis', 'bro', 'dad', 'mom'])을 만들고,
. clear ( ) [닷 클리어 메써드]를 사용하여 **Item** 모두를 '지우고',
그리고 **fam**을 **print ( )** 해봅시다!

D5-7-d5

```
>>> fam = set (['sis', 'bro', 'dad', 'mom'])
>>> fam . clear ()
>>> print (fam)
set ()
```

● The Honey Tips for **Coding** and **Computational Thinking**

● The Very Basics Of Python

● Read a chapter, then do interactive exercises to make your Python knowledge stick.

● The Ultimate Beginners' Guide for Coding with Python

Data Type 5.
Dictionary 5-8 : Set Operations

Data Type 5.
Dictionary 5-8 : Set Operations
: '집합의 연산'

우리가 수학시간에 배운 '집합'의 여러 형태, 즉
'합집합', '교집합', '차집합', '대칭 차집합' 을 구하는 것을
Set Operations [셋 오퍼레이션스 : 집합의 연산]라고 합니다.
다음의 4가지 **Method** [메써드 : 방법]가 대표적입니다.

첫 번째,
. union ( ) [닷 유니온 : 합집합] **Method**는 여러 개의 **Set**을 하나로 합하는 것입니다.
a . union (b)는 **a**와 **b**를 더한 '합집합'을 의미합니다.
이때 중복되는 **Item**은 한 번만 나타납니다.

D5-8-01

```
>>> a = set (['dad', 'kid'])
>>> b = set (['mom', 'kid'])
>>> a . union (b)
{'mom', 'dad', 'kid'}
```

a . union (b)를 간단하게 기호로 표시하면
a | b입니다. **| Vertical Bar** [버티컬 바]는 합집합을 의미합니다.

D5-8-02

```
>>> a = set (['dad', 'kid'])
>>> b = set (['mom', 'kid'])
>>> a | b
{'mom', 'dad', 'kid'}
```

● Read a chapter, then do interactive exercises to make your Python knowledge stick.

데이터 타입 5.   딕셔너리 5-8
: Set Operations으로 '합집합/교집합/차집합/대칭 차집합'

5-8

두 번째,
. intersection ( ) [닷 인터섹션 : 교집합] Method는 모든 중복된 Item을 추출합니다.
a . intersection (b)는 a와 b의 공통되는 '교집합'이라는 뜻입니다.

D5-8-03

```
>>> a = set (['dad', 'kid'])
>>> b = set (['mom', 'kid'])
>>> a . intersection (b)
{'kid'}
```

a . intersection (b)를 간단하게 기호로 표시하면
a & b입니다. & Ampersand [앰퍼샌드]는 교집합을 의미합니다.

D5-8-04

```
>>> a = set (['dad', 'kid'])
>>> b = set (['mom', 'kid'])
>>> a & b
{'kid'}
```

세 번째,
. difference ( ) [닷 디퍼런스 : 차집합] Method는 중복된 Item을 뺀 나머지입니다.
a . difference (b)는 a에서 b를 뺀 나머지, 즉 '차집합'이라는 뜻입니다.

D5-8-05

```
>>> a = set (['dad', 'kid'])
>>> b = set (['mom', 'kid'])
>>> a . difference (b)
{'dad'}
```

● The Honey Tips for Coding and Computational Thinking

● The Very Basics Of Python

● Read a chapter, then do interactive exercises to make your Python knowledge stick.

● The Ultimate Beginners' Guide for Coding with Python

Data Type 5.
Dictionary 5-8 : Set Operations

a . difference (b)를 간단하게 기호로 표시하면
a - b입니다. **- Minus** [마이너스]는 차집합을 의미합니다.

D5-8-06

```
>>> a = set (['dad', 'kid'])
>>> b = set (['mom', 'kid'])
>>> a - b
{'dad'}
```

네 번째,
. symmetric_difference ( ) [닷 씨메트릭 디퍼런스 : 대칭 차집합] **Method**는
중복된 **Item**을 뺀 나머지 전체를 말합니다.
a . symmetric_difference (b)는 **a**와 **b**의 공통된 것의 나머지
즉 '대칭 차집합'이라는 뜻입니다.

D5-8-07

```
>>> a = set (['dad', 'kid'])
>>> b = set (['mom', 'kid'])
>>> a . symmetric_difference (b)
{'dad', 'mom'}
```

a . symmetric_difference (b)를 간단하게 기호로 표시하면
a ^ b입니다. **^ Up Arrow** [업 애로위]는 대칭 차집합을 의미합니다.

D5-8-08

```
>>> a = set (['dad', 'kid'])
>>> b = set (['mom', 'kid'])
>>> a ^ b
{'dad', 'mom'}
```

데이터 타입 5.   딕셔너리 5-8

: Set Operations으로 '합집합/교집합/차집합/대칭 차집합'

 Coding Drill (코딩훈련 1.)

sportsA = set (['golf', 'tennis', 'soccer'])와 sportsB = set (['soccer', 'tennis', 'ski'])를 만들고, sportsA와 sportsB의 '합집합'을 **|** [버티컬 바]로 구해봅시다!

D5-8-d1

```
>>> sportsA = set (['golf', 'tennis', 'soccer'])
>>> sportsB = set (['soccer', 'tennis', 'ski'])
>>> sportsA | sportsB
{'ski', 'golf', 'soccer', 'tennis'}
```

 Coding Drill (코딩훈련 2.)

sportsA = set (['golf', 'tennis', 'soccer'])와 sportsB = set (['soccer', 'tennis', 'ski'])를 만들고, sportsA와 sportsB의 '합집합'을 **|** [버티컬 바]로 구해 print ( ) 해봅시다!

D5-8-d2

```
>>> sportsA = set (['golf', 'tennis', 'soccer'])
>>> sportsB = set (['soccer', 'tennis', 'ski'])
>>> print (sportsA | sportsB)
{'ski', 'soccer', 'golf', 'tennis'}
```

 Coding Drill (코딩훈련 3.)

sportsA = set (['golf', 'tennis', 'soccer'])와 sportsB = set (['soccer', 'tennis', 'ski'])를 만들고, sportsA와 sportsB의 '교집합'을 & [앰퍼샌드]로 구해 print ( ) 해봅시다!

● **The Honey Tips** for **Coding** and **Computational Thinking**

● **The Very Basics Of Python**

● The Ultimate Beginners' Guide for Coding with Python

Data Type 5.
Dictionary 5-8 : Set Operations

D5-8-d3

```
>>> sportsA = set (['golf', 'tennis', 'soccer'])
>>> sportsB = set (['soccer', 'tennis', 'ski'])
>>> print (sportsA & sportsB)
{'soccer', 'tennis'}
```

Coding Drill (코딩훈련 4.)

sportsA = set (['golf', 'tennis', 'soccer'])와 sportsB = set (['soccer', 'tennis', 'ski'])를 만들고, sportsA와 sportsB의 '차집합'을 - [마이너스]로 구해 print ( ) 해봅시다!

D5-8-d4

```
>>> sportsA = set (['golf', 'tennis', 'soccer'])
>>> sportsB = set (['soccer', 'tennis', 'ski'])
>>> print (sportsA - sportsB)
{'golf'}
```

Coding Drill (코딩훈련 5.)

sportsA = set (['golf', 'tennis', 'soccer'])와 sportsB = set (['soccer', 'tennis', 'ski'])를 만들고, sportsA와 sportsB의 '대칭 차집합'을 ^ [업 애로우]로 구해 print ( ) 해봅시다!

D5-8-d5

```
>>> sportsA = set (['golf', 'tennis', 'soccer'])
>>> sportsB = set (['soccer', 'tennis', 'ski'])
>>> print (sportsA ^ sportsB)
{'ski', 'golf'}
```

● EASY
Learn How to Code Step by Step!

● SMART
Learn Python with the Compact Guide!

● QUICK
Learn Python in Short Way Ever!

● The Ultimate Beginners' Guide for Coding with Python

아! 잠깐만yo!
think like programer

Coding vs 글쓰기

'글을 잘 쓴다'는 것, '말을 잘 한다'는 것은
논리가 완성적이라는 뜻입니다.
아울러 글과 말이 간결하여 이해가 쉽다는 뜻이기도 합니다.

Coding [코딩] 또한 마찬가지입니다.
반복적인 부분이 제거되고, 최대한 짧고 경량화된
그리고 쉽게 읽을 수 있고, 수정이 용이한 **Coding**이
잘 쓴 **Code [코드]**이고 좋은 **Code**입니다.
너절하지도 구질구질하지도 않은 콤팩트한 **Code**,
잘 정리된 **Code**는 **Coder [코더 : 코드 작성자]**가
어떤 사람인지 엿볼 수 있게 합니다.

```
>>> a . symmetric_difference (b)
```

```
>>> a ^ b
```

윗줄과 아랫줄은 같은 내용입니다.
같은 **Code**라도 길고 복잡해서 어렵고, 오타의 가능성이 있는 경우보다는
짧고 간결하고 그리고 오류의 가능성을 최소화할 수 있는
Code를 선택하는 것이 중요합니다.

'바로 이러한 능력을 갖추는 것이 좋은 **Coder**가 되는 길이고요.'

● The Honey Tips for Coding and Computational Thinking

● The Very Basics Of Python

Section 2.

Python Tutorial for Absolute Beginners

Section 2

Section 1에서 **Python**의
'단어' (**Function** [펑션 : 기능/함수]),
'숙어' (**Method** [메써드 : 방법])를 배웠다면,
Section 2에서 우리는 **Python**의 '문장'인
Statement [스테이트먼트 : 진술/서술]를 만납니다.

이와 함께 '문장의 논리'를 더해줄
Membership Operator [멤버쉽 오퍼레이터 : 멤버쉽 연산자],
Identity Operator [아이덴티티 오퍼레이터 : 아이디 연산자],
그리고 **Assignment Operator** [어싸인먼트 오퍼레이터 : 지정 연산자]를
만나볼 것입니다.

● Read a chapter, then do interactive exercises to make your Python knowledge stick.

● The Ultimate Beginners' Guide for Coding with Python
1. Operators
in, not in Operator 1-1

1. Operators
in, not in Operator 1-1
: 'in, not in 연산자'

특정 **Number** [넘버 : 숫자], **Character** [캐릭터 : 문자],
Item [아이템 : 요소]이 존재하는지 또는 존재하지 않는지를 확인할 때
사용하는 것이 **in Operator** [인 오퍼레이터 : in 연산자] 또는
not in Operator [낫 인 오퍼레이터 : not in 연산자]입니다.

in 또는 **not in Operator**로 물었을 때,
있으면 **True** [트루 : 참], 없으면 **False** [펄스 : 거짓]로 결과가 나옵니다.
이렇게 존재의 유무를 확인하는
in 또는 **not in**을
Membership Operator [멤버쉽 오퍼레이터]라고 합니다.
쉽게 얘기해서 '회원인지 아닌지를' 확인하는 것이죠.

그리고 이렇게 '있다!' 또는 '없다!',
'참!' 또는 '거짓!'이라고 답하는 방식을
Boolean Expression [불리언 익스프레션 : 불의 표현식]이라고 합니다.
이는 수학자 **George Boole** [조지 불]이 만든 표현식에서 따온 이름입니다.
값을 **True** [트루 : 참] 혹은 **False** [펄스 : 거짓]로 나타내는 방식을 말합니다.
(간단하게 **Boolean** 또는 **Boole**이라고도 합니다.)

in, not in 오퍼레이터 1-1

: Item의 존재여부를 확인하는 **in, not in Operator**입니다.

다음과 같은 예를 들어 보겠습니다.

S2-1-1-01

```
>>> a = 'Bourne'
>>> 'n' in a
True
```

알파벳 언어권 사람들은 위의 **Code** 두 번째 줄 **'n' in a**를 읽을 때,
Is 'n' in a? (a 안에 **'n'**이 있습니까?)라고 말합니다.
이는 영어 문장이라고 했을 때 '의문사가 없는 의문문'에 해당하고,
때문에 대답은 자연스럽게 '네', '아니오'에 해당하는
True, **False**가 나오는 이치입니다.

그러면 먼저 **String** [스트링 : 문자열]에서 **Membership**을 확인해 보겠습니다.

S2-1-1-02

```
>>> name = 'Jason Bourne'
>>> 'n' in name
True
```

S2-1-1-03

```
>>> name = 'Jason Bourne'
>>> 'k' in name
False
```

S2-1-1-04

```
>>> name = 'Jason Bourne'
>>> 'k' not in name
True
```

● The Ultimate Beginners' Guide for Coding with Python

1. Operators
in, not in Operator 1-1

S2-1-1-05

```
>>> name = 'Jason Bourne'
>>> 'n' not in name
False
```

다음은 **List [리스트 : 목록]**에서 **Membership**을 확인해 보겠습니다.

S2-1-1-06

```
>>> fruits = ['apple', 'banana', 'melon']
>>> 'melon' in fruits
True
```

S2-1-1-07

```
>>> fruits = ['apple', 'banana', 'melon']
>>> 'watermelon' in fruits
False
```

S2-1-1-08

```
>>> fruits = ['apple', 'banana', 'melon']
>>> 'watermelon' not in fruits
True
```

S2-1-1-09

```
>>> fruits = ['apple', 'banana', 'melon']
>>> 'melon' not in fruits
False
```

● Read a chapter, then do interactive exercises to make your Python knowledge stick.

in, not in 오퍼레이터 1-1
: **Item**의 존재여부를 확인하는 **in, not in Operator**입니다.

print ( ) Function을 이용할 수도 있습니다.

S2-1-1-10

```
>>> print ('app' in 'apple')
True
```

S2-1-1-11

```
>>> print ('App' in 'apple')
False
```

S2-1-1-12

```
>>> print ('App' not in 'apple')
True
```

S2-1-1-13

```
>>> print ('app' not in 'apple')
False
```

그리고 다음과 같이 응용할 수 있습니다.

S2-1-1-14

```
>>> fruits = ['apple', 'banana', 'melon']
>>> fruit = 'melon' in fruits
>>> print (fruit)
True
```

● **The Honey Tips** for **Coding** and **Computational Thinking**

● **The Very Basics** Of **Python**

● Read a chapter, then do interactive exercises to make your Python knowledge stick.

● The Ultimate Beginners' Guide for Coding with Python

1. Operators
in, not in Operator 1-1

S2-1-1-15

```
>>> fruits = ['apple', 'banana', 'melon']
>>> fruit = 'watermelon' in fruits
>>> print (fruit)
False
```

S2-1-1-16

```
>>> fruits = ['apple', 'banana', 'melon']
>>> fruit = 'melon' not in fruits
>>> print (fruit)
False
```

또한 다음과 같이 '메시지'를 함께 출력할 수도 있습니다.

S2-1-1-17

```
>>> fruits = ['apple', 'banana', 'melon']
>>> fruit = 'watermelon' not in fruits
>>> print ('The answer is', fruit, '!')
The answer is True !
```

 ‖ 244 Learn Python well and fast with the compact beginners' guide on Python programing.

Python Tutorial for Absolute Beginners

in, not in 오퍼레이터 1-1

: **Item**의 존재여부를 확인하는 **in, not in Operator**입니다.

 Coding Drill (코딩훈련 1.)

studyGroup = ['Joy', 'Hanah', 'Mindy']라는 '같이 공부하는 친구들' **List**를
만들고, **in Operator** [인 오퍼레이터 : in 연산자]를 사용하여 **'Hanah'**가 **studyGroup**
안에 있는지 **member**를 **print ( )** 해봅시다!

S2-1-1-d1

```
>>> studyGroup = ['Joy', 'Hanah', 'Mindy']
>>> member = 'Hanah' in studyGroup
>>> print (member)
True
```

 Coding Drill (코딩훈련 2.)

studyGroup = ['Joy', 'Hanah', 'Mindy']라는 '같이 공부하는 친구들' **List**를
만들고, **in Operator**를 사용하여 **'Sunny'**가 **studyGroup** 안에 있는지
member를 **print ( )** 해봅시다!

S2-1-1-d2

```
>>> studyGroup = ['Joy', 'Hanah', 'Mindy']
>>> member = 'Sunny' in studyGroup
>>> print (member)
False
```

 Coding Drill (코딩훈련 3.)

studyGroup = ['Joy', 'Hanah', 'Mindy']라는 '같이 공부하는 친구들' **List**를
만들고, **not in Operator** [낫 인 오퍼레이터 : not in 연산자]를 사용하여 **'Sunny'**가
studyGroup 안에 없는지 **member**를 **print ( )** 해봅시다!

● The Honey Tips for Coding and Computational Thinking

● The Very Basics Of Python

1. Operators
in, not in Operator 1-1

S2-1-1-d3

```
>>> studyGroup = ['Joy', 'Hanah', 'Mindy']
>>> member = 'Sunny' not in studyGroup
>>> print (member)
True
```

Coding Drill (코딩훈련 4.)

studyGroup = ['Joy', 'Hanah', 'Mindy']라는 '같이 공부하는 친구들' List를
만들고, **not in Operator**를 사용하여 **'Joy'**가 **studyGroup** 안에 없는지
member를 **print ( )** 해봅시다!

S2-1-1-d4

```
>>> studyGroup = ['Joy', 'Hanah', 'Mindy']
>>> member = 'Joy' not in studyGroup
>>> print (member)
False
```

Coding Drill (코딩훈련 5.)

studyGroup = ['Joy', 'Hanah', 'Mindy']라는 '같이 공부하는 친구들' List를
만들고, **in Operator**를 사용하여 **'Hanah'**가 **studyGroup** 안에 있는지
member를 메시지와 함께 **print ( )** 해봅시다!

S2-1-1-d5

```
>>> studyGroup = ['Joy', 'Hanah', 'Mindy']
>>> member = 'Hanah' in studyGroup
>>> print ('Hanah is', member, 'member!')
Hanah is True member!
```

● EASY
Learn How to Code Step by Step!

● SMART
Learn Python with the Compact Guide!

● QUICK
Learn Python in Short Way Ever!

● The Ultimate Beginners' Guide for Coding with Python

아! 잠깐만yo!
think like programer

Operators

우리는 앞에서 이미 다양한
Operator [오퍼레이터 : 연산자/연산 기호]들을 만나 보았습니다.

1) **+, -, *, /, %, **** 등과 같은 **Arithmetic Operator**
[어리스메틱 오퍼레이터 : 산술 연산자],
2) **==, !=, >, <, >=, <=** 등과 같은 **Comparison Operator**
[컴패리슨 오퍼레이터 : 비교 연산자],
3) **and, or, not** 등과 같은 **Logical Operator**
[로지컬 오퍼레이터 : 논리 연산자] 등입니다.

그리고 이번 파트에서 만나게 되는
in 또는 **not in** 의 **Membership Operator** [멤버쉽 오퍼레이터 : 회원 연산자]와
is의 **Identity Operator** [아이덴티티 오퍼레이터 : ID 연산자]
그리고 새로 조금 더 보충하게 될
= 등과 같은 **Assignment Operator** [어싸인먼트 오퍼레이터 : 지정 연산자]를
알게 되면 우리는 **Python** 뿐만 아니라 모든
Programing Language [프로그래밍 랭귀지 : 프로그래밍 언어]에서 사용하는
Operator [오퍼레이터 : 연산자] 대부분을 온전하게 섭렵하게 되는 것입니다.

Operator가 **Coding** [코딩] 작업에서 중요한 역할을 하기 때문에
이번 파트에서 새롭게 만나게 될 **Operator**들이 더욱 기대됩니다.

● The Honey Tips for Coding and Computational Thinking

● The Very Basics Of Python

● Read a chapter, then do interactive exercises to make your Python knowledge stick.

● The Ultimate Beginners' Guide for Coding with Python
1. Operators
is, is not Operator 1-2

1. Operators
is, is not Operator 1-2

: 'is, is not 연산자'

우리가 앞에서 만났던 다른 모든 연산자들이 '기호'로 되어 있는 것에 반해서
is Operator [이즈 오퍼레이터 : is 연산자]와
is not Operator [이즈 낫 오퍼레이터 : is not 연산자], 그리고
in Operator [인 오퍼레이터 : in 연산자]와
not in Operator [낫 인 오퍼레이터 : not in 연산자]는
영어 단어로 되어 있습니다.

이러한 특징 때문에 이들을 **Special Operator**
[스페셜 오퍼레이터 : 특수 연산자]라고 부르기도 합니다.

is Operator와 **is not Operator**는
Identity Operator [아이덴티티 오퍼레이터 : ID 연산자]라고 하는데,
쉽게 말하면 '신원/정체'를 확인하는 연산자입니다.

is Operator와 **is not Operator**는
두 값 (또는 변수)이 메모리의 같은 위치에 있는지
또는 그렇지 않은지를 확인하는데 사용합니다.

is, is not 오퍼레이터 1-2

: is, is not Operator는 '신원/정체'를 확인하는 연산자입니다.

컴퓨터의 메모리에 **Data**가 저장되는 고유한 위치,
마치 주소처럼 숫자로 정해지는 위치가 동일한지
그렇지 않은지를 확인할 때 필요한 **Operator**입니다.

메모리의 위치가 동일하면 **x is True**이고, 그렇지 않으면 **x is not True**입니다.
True는 **True**이고, **not True**는 **False**입니다.

S2-1-2-01

```
>>> x = 4
>>> y = 4
>>> print (x is y)
True
```

S2-1-2-02

```
>>> x = 4
>>> y = 4
>>> print (x is not y)
False
```

S2-1-2-03

```
>>> a = 'Hello'
>>> b = 'Hello'
>>> print (a is b)
True
```

S2-1-2-04

```
>>> a = 'Hello'
>>> b = 'Hello'
>>> print (a is not b)
False
```

● The Honey Tips for Coding and Computational Thinking

● The Very Basics Of Python

● Read a chapter, then do interactive exercises to make your Python knowledge stick.

● The Ultimate Beginners' Guide for Coding with Python

1. Operators
is, is not Operator 1-2

이번에는 조금 다른 경우를 살펴보겠습니다.

S2-1-2-05

```
>>> x = [1, 2, 3]
>>> y = [1, 2, 3]
>>> print (x is y)
False
```

위의 **x**와 **y**는 **List [리스트 : 목록] Data**입니다.
x와 **y**는 외견 상 같아 보이지만 메모리 상의 위치는 다릅니다.
왜냐하면 **List**는 '변경 가능한' **Data**이기 때문에
메모리에서는 각각의 다른 위치에 저장됩니다.

S2-1-2-06

```
>>> x = [1, 2, 3]
>>> y = [1, 2, 3]
>>> print (x is not y)
True
```

메모리 상의 위치를 확인해 보려면 **id ( ) Function [id 펑션]**을
사용하면 됩니다. 예를 들어 다음과 같습니다.

S2-1-2-07

```
>>> a = 'Hello'
>>> id (a)
4390381640
```

S2-1-2-08

```
>>> b = 'Hello'
>>> id (b)
4390381640
```

We can learn **complete primary skills** of **Python fast** and **fun.**

● Python Tutorial for **Absolute Beginners**

is, is not 오퍼레이터 1-2

: is, is not Operator는 '신원/정체'를 확인하는 연산자입니다.

S2-1-2-09

```
>>> x = [1, 2, 3]
>>> id (x)
4390406600
```

S2-1-2-10

```
>>> y = [1, 2, 3]
>>> id (y)
4390364168
```

a와 **b** 그리고 **x**와 **y**를 나란히 놓고 비교해 보겠습니다.

S2-1-2-11

```
>>> id (a), id (b)
(4390381640, 4390381640)
```

S2-1-2-12

```
>>> id (x), id (y)
(4390406600, 4390364168)
```

숫자로 표시되는 메모리 상의 주소가 위의 **a**와 **b**는 서로 같고, **x**와 **y**는 서로
다르다는 것을 확인할 수 있습니다. 그래서 다음과 같은 상황도 가능합니다.

S2-1-2-13

```
>>> Tom = 1
>>> Joy = Tom
>>> Hans = Joy
>>> Mark = 1
>>> id (Tom), id (Joy), id (Hans), id (Mark)
(4361369648, 4361369648, 4361369648, 4361369648)
```

● The Honey Tips for **Coding** and **Computational Thinking**

● The Very Basics Of Python

● Read a chapter, then do interactive exercises to make your Python knowledge stick.

● The Ultimate Beginners' Guide for Coding with Python

1. Operators
is, is not Operator 1-2

모두 동일한 **id**라는 것이 확인됩니다.
반면 **Comparison Operator [컴패리슨 오퍼레이터 : 비교 연산자]**인
==는 외견 상의 값을 비교하는 것이기 때문에 **is Operator**와는 다른 답을 합니다.

S2-1-2-14

```
>>> x = [1, 2, 3]
>>> y = [1, 2, 3]
>>> print (x == y)
True
```

==와 **is**가 어떻게 다른지 보여주는 부분입니다.
한편 메모리의 위치를 같게 만드는 방법도 있습니다.
위에서 **List Data**의 경우 메모리의 위치가 다르게 저장된다고 했습니다.
그런데 이를 같은 위치로 만드는 방법이 있다는 것입니다.
한번 확인해 보겠습니다.

S2-1-2-15

```
>>> x = [1, 2, 3]
>>> y = [1, 2, 3]
>>> x = y
>>> print (x is y)
True
```

S2-1-2-16

```
>>> id (x), id (y)
(4390407112, 4390407112)
```

x = y라고 지정해 주면 **id** 위치가 동일해지는 것을 확인할 수 있습니다.

is, is not 오퍼레이터 1-2

: is, is not Operator는 '신원/정체'를 확인하는 연산자입니다.

 Coding Drill (코딩훈련 1.)

name = **'Python'**과 title = **'Python'**이라고 하고, **is Operator**
[이즈 오퍼레이터 : is 연산자]를 사용하여 **name**과 **title**이 동일한지 **print ( )** 해봅시다!

S2-1-2-d1

```
>>> name = 'Python'
>>> title = 'Python'
>>> print (name is title)
True
```

 Coding Drill (코딩훈련 2.)

name = **'Python'**과 title = **'Python'**이라고 하고, **is not Operator** [이즈 낫 오퍼레이
터 : is not 연산자]를 사용하여 **name**과 **title**이 동일하지 않은지 **print ( )** 해봅시다!

S2-1-2-d2

```
>>> name = 'Python'
>>> title = 'Python'
>>> print (name is not title)
False
```

 Coding Drill (코딩훈련 3.)

name = **['Hello', 'Python']**과 title = **['Hello', 'Python']**이라는 **List Data**
[리스트 데이터 : 목록 자료]를 만들고, **is Operator**를 사용하여 **name**과 **title**이
동일한지 **print ( )** 해봅시다!

● The Ultimate Beginners' Guide for Coding with Python

1. Operators
is, is not Operator 1-2

S2-1-2-d3

```
>>> name = ['Hello', 'Python']
>>> title = ['Hello', 'Python']
>>> print (name is title)
False
```

Coding Drill (코딩훈련 4.)

name = ['Hello', 'Python']과 title = ['Hello', 'Python']이라는 List Data를
만들고, is not Operator를 사용하여 name과 title이 동일하지 않은지
print ( ) 해봅시다!

S2-1-2-d4

```
>>> name = ['Hello', 'Python']
>>> title = ['Hello', 'Python']
>>> print (name is not title)
True
```

Coding Drill (코딩훈련 5.)

name = ['Hello', 'Python']과 title = ['Hello', 'Python']이라는 List Data를
만들고, name = title이라고 하고, is Operator를 사용하여 name과 title이
동일한지 print ( ) 해봅시다!

S2-1-2-d5

```
>>> name = ['Hello', 'Python']
>>> title = ['Hello', 'Python']
>>> name = title
>>> print (name is title)
True
```

● EASY
Learn How to Code Step by Step!

● SMART
Learn Python with the Compact Guide!

● QUICK
Learn Python in Short Way Ever!

● The Ultimate Beginners' Guide for Coding with Python

아! 잠깐만yo!
think like programer

Memory, 관리가 관건!

우리가 앞으로 만들게 될 **Program** [프로그램]은
상당한 양의 **Data** [데이터 : 정보자료]를 담게 됩니다.
때문에 **Program**의 빠르고 안정적인 구동을 위해서
Coding [코딩]은 콤팩트해야 합니다.

이 과정에서 **Data**의 재활용은 매우 중요합니다.
백과사전 분량의 동일한 데이터를 여기저기 묶어놓기보다는
하나를 다양하게 사용하는 것이
Program의 효율성을 높이는 것입니다.

```
>>> x = [1, 2, 3]
>>> y = [1, 2, 3]
>>> x = y
```

MEMORY

그래서 위와 같이 **Identity** [아이덴티티 : ID/신원/정체]를
관리하는 것이 중요합니다.
결국 관리는 전체 **Memory**의 총량과
관계되며 **Program**의 전체 무게와 관계되기 때문에
가볍고 빠른 **Program**을 위해서는 필수적인 고려 사항입니다.
그리고 무엇보다도 이렇게 **Memory** 관리를 잘하면서
Coding 하는 사람이 '궁극의 프로페셔널 **Programer**
[프로그래머 : 개발자]'가 되는 것이고요.

● The Honey Tips for Coding and Computational Thinking

● The Very Basics Of Python

● Read a chapter, then do interactive exercises to make your Python knowledge stick.

● The Ultimate Beginners' Guide for Coding with Python
1. Operators
Assignment Operator 1-3

1. Operators
Assignment Operator 1-3
: '지정 연산자'

우리는 앞에서 **=** 은 **Assignment Operator** [어싸인먼트 오퍼레이터 : 지정 연산자]라고
부르며, '대신하여 지정한다'는 뜻이라고 배운 바 있습니다.
이번 시간에는 그밖의 **Assignment Operator**들을 만나보려고 합니다.

Assignment Operator는 우리가 잘 알고 있는
+, -, *, /, %, * 등의 **Arithmetic Operator** [어리스메틱 오퍼레이터 : 산술 연산자]를
기반으로 합니다.
참고로 이들 둘을 간단히 정리해 보겠습니다.

● **Arithmetic Operators in Python**

기호	이름	의미
+	Plus	[플러스 : 더하기]는 덧셈,
-	Minus	[마이너스 : 빼기]는 뺄셈,
*	Asterisk	[애스터리스크 : 곱하기]는 곱셈,
/	Forward Slash	[포워드슬래시 : 나누기]는 몫을 구할 때,
//	Two Forward Slash	[투 포워드슬래시 : 나누기]는 나머지 값의 소수점 이하는 삭제 처리할 때,
%	Per Cent	[퍼센트 : 나머지]는 나눈 값의 나머지를 구할 때,
**	Exponentiation	[엑스포넨시에이션 : 지수승]은 지수만큼 곱할 때 사용합니다.

어싸인먼트 오퍼레이터 1-3

: Assignment Operator는 Arithmetic Operator 기반입니다.

● Assignment Operators in Python

기호	예	의미
=	x = 1	x = 1
+=	x += 1	x = x + 1
-=	x -= 1	x = x - 1
*=	x *= 1	x = x * 1
/=	x /= 1	x = x / 1
//=	x //= 1	x = x // 1
%=	x %= 1	x = x % 1
**=	x **= 1	x = x ** 1

Assignment Operator는 Arithmetic Operator 뒤에 =을 붙인 형태입니다.
그리고 의미는 x += 1 즉 x = x + 1, 'x는 x에 1을 더한다.'라는 뜻입니다.
같은 방식으로 x -= 1은 'x는 x에서 1을 뺀다.', x *= 1은 'x는 x에 1을 곱한다.'
x /= 1은 'x는 x에 1을 나눈다.' ... 등이라는 뜻입니다.
그러니까 x += 1은 x = x + 1의 '약칭'이라고 생각하면 됩니다.

S2-1-3-01

```
>>> a = 5
>>> a += 1
>>> print (a)
6
```

S2-1-3-02

```
>>> a = 5
>>> a -= 1
>>> print (a)
4
```

The Honey Tips for Coding and Computational Thinking

● The Very Basics Of Python

● Read a chapter, then do interactive exercises to make your Python knowledge stick.

● The Ultimate Beginners' Guide for Coding with Python

1. Operators
Assignment Operator 1-3

S2-1-3-03

```
>>> a = 5
>>> a *= 2
>>> print (a)
10
```

S2-1-3-04

```
>>> a = 5
>>> a /= 2
>>> print (a)
2.5
```

String [스트링 : 문자열]의 경우 **+=**로 '연결'이 가능하고,
*=로 '복제'가 가능합니다.

S2-1-3-05

```
>>> b = 'Steven '
>>> b += 'Spielberg'
>>> print (b)
Steven Spielberg
```

S2-1-3-06

```
>>> b = 'apple '
>>> b *= 2
>>> print (b)
apple apple
```

We can learn **complete primary skills** of **Python fast** and **fun.**

Python Tutorial for Absolute Beginners

어싸인먼트 오퍼레이터 1-3

: Assignment Operator는 Arithmetic Operator 기반입니다.

 Coding Drill (코딩훈련 1.)

num = 4와 **sum = 10**이라고 하고, **/=**를 이용하여 계산하고,
sum을 **print ( )** 해봅시다!

S2-1-3-d1

```
>>> num = 4
>>> sum = 10
>>> sum /= num
>>> print (sum)
2.5
```

 Coding Drill (코딩훈련 2.)

num = 4와 **sum = 10**이라고 하고, **//=**를 이용하여 계산하고,
sum을 **print ( )** 해봅시다!

S2-1-3-d2

```
>>> num = 4
>>> sum = 10
>>> sum //= num
>>> print (sum)
2
```

 Coding Drill (코딩훈련 3.)

num = 4와 **sum = 10**이라고 하고, **%=**를 이용하여 계산하고,
sum을 **print ( )** 해봅시다!

● The Honey Tips for **Coding** and **Computational Thinking**

● The Very Basics Of Python

● The Ultimate Beginners' Guide for Coding with Python

1. Operators
Assignment Operator 1-3

S2-1-3-d3

```
>>> num = 4
>>> sum = 10
>>> sum %= num
>>> print (sum)
2
```

 Coding Drill (코딩훈련 4.)

name = 'Jennifer '와 name += 'Lawrence'를 사용하여,
'My name is ~.'라는 메시지와 함께 name을 print ( ) 해봅시다!

S2-1-3-d4

```
>>> name = 'Jennifer '
>>> name += 'Lawrence'
>>> print ('My name is', name,'.')
My name is Jennifer Lawrence .
```

 Coding Drill (코딩훈련 5.)

song = 'Bang '과 song *= 3을 사용하여,
'My favorite song is ~ .'라는 메시지와 함께 song을 print ( ) 해봅시다!

S2-1-3-d5

```
>>> song = 'Bang '
>>> song *= 3
>>> print ('My favorite song is', song, '.')
My favorite song is Bang Bang Bang .
```

● EASY
Learn How to Code Step by Step!

● SMART
Learn Python with the Compact Guide!

QUICK
Learn Python in Short Way Ever!

● The Ultimate Beginners' Guide for Coding with Python

아! 잠깐만yo!
think like programer

Statement = Sentence

Statement [스테이트먼트 : 진술/서술]는
영어에서 말하는 '문장'에 해당합니다.
예를 들어 영어에서 문장이란
대문자로 시작해서 마침표로 끝납니다.
마찬가지로 **Python**의 **Statement**는
: Colon [콜런]으로 구역을 나눕니다.
이때 **Colon**은 '코드의 구역'을 표시한다고 해서
Code Block [코드블럭]이라고 합니다.

Python을 영어와 비교했을 때,
Function [펑션 : 기능/함수]은 '단어'에 해당하고,
Method [메써드 : 방법]는 '숙어'에 해당합니다.
각각 '동사'와 '전치사 + 동사'의 구조라고 할 수 있습니다.
그리고 각각의 **Data Type** [데이터 타입 : 자료형]들은
때에 따라 '목적어'일 수 있습니다.
Python에서의 **Statement**는
말 그대로 '구문'입니다. 구문 안에는 '주어'가 존재합니다.
예를 들어 **if Statement** [이프 스테이트먼트 : 가정문]에서는
if 'apple' == 'apple' : 즉,
'만약에 **'apple'**이 **'apple'**과 동일하다면 **:**'이라는
식으로 진행된다는 것입니다.

Statement에서는 **Function**이나 **Method**에서는 볼 수 없었던
'주어'가 등장하고, 보다 완결된 형태의 '문장'이 만들어지게 되는 것입니다.

STATEMENT
=
SENTENCE

● The Honey Tips for Coding and Computational Thinking

● The Very Basics Of Python

● Read a chapter, then do interactive exercises to make your Python knowledge stick.

● The Ultimate Beginners' Guide for Coding with Python

2. Statements
if Statement 2-1 : Condition

2. Statements
if Statement 2-1 : Condition
: 'if 조건문'

if Statement [이프 스테이트먼트 : 조건문]는
모든 **Program** [프로그램]의 동작과 관련하는
대표적인 3가지 구문 중의 하나입니다.
즉, **Programing** [프로그래밍] 전반에 걸쳐
매우 중요한 **Code** [코드]라는 것입니다.

if Statement는 '조건을 체크하거나,
조건의 선택에 따라 다른 결과를 보여줄 때' 사용합니다.
'만약에 ~라면, (참/거짓)이다.'가 기본적인 내용입니다.

그러니까 **if Statement**로 물으면
Boolean Expression [불리언 익스프레션 : 불의 표현식]의
True [트루 : 참] 혹은 **False** [펄스 : 거짓]로 답이 나오는 것이
가장 단순한 형태인 것입니다.
(**Boolean Expression**은 수학자 **George Boole** [조지 불]의
이름에서 따온 표현식입니다.)

if Statement의 가장 기본적인 형식은 다음과 같습니다.

if 스테이트먼트 2-1

: if Statement는 '조건의 선택에 따라 다른 결과를 보여줄 때' 씁니다.

```
>>> if a :
...      print (b)
```

반드시 **if**로 시작하고
: Colon [콜런 : 쌍점]으로 마무리합니다.
그리고 이어지는 **print ( )**는 **Indentation** [인덴테이션 : 들여 쓰기] 합니다.
그래서 '만약에 **a**라면, **b**라고 **print** 해라!'라는 완결된 문장이 됩니다.
그리고 엔터를 두 번 누르면 결과가 나옵니다.

: Colon 다음에 **print ( )**를 **Indentation** 하는 이유는
Code의 가독성을 높이기 위한 장치이자, **Python** 안에서의 약속입니다.

Indentation은 키보드에서 **Tab** 버튼을 한 번 누르거나,
Space Bar [스페이스 바]를 4번 누르면 됩니다.
(나중에 복잡한 프로그램을 할 때는 **Space Bar**를 4번 누르는 것이 유용합니다만,
여기에서는 일단 간편하게 **Tab** 버튼을 한 번 누르는 것으로 하겠습니다.)

예를 들어 보겠습니다.
Python은 기본적으로 숫자와 관련해서
0은 **False**, 그 외의 숫자들은 **True**라고 평가합니다.

S2-2-1-01

```
>>> if 1 :
...    print ('True')
...
True
```

● The Honey Tips for Coding and Computational Thinking   ● The Very Basics Of Python

2. Statements
if Statement 2-1 : Condition

S2-2-1-02

```
>>> if 0 :
...    print ('True')
...
>>>
```

앞에서처럼 **True**일 경우에는 출력이 되지만, **False**일 경우에는 결과가 없습니다.
참이 아니라는 것을 무반응으로 보여주고 있는 것입니다.

S2-2-1-03

```
>>> if 1.5 :
...    print ('True')
...
True
```

S2-2-1-04

```
>>> if -1 :
...    print ('True')
...
True
```

'소수'나 '음수' 모두 **True**입니다.
그리고 **Python**은 기본적으로 문자열과 관련해서
모든 것은 **True**로 평가하지만, 빈 문자열은 **False**로 평가합니다.

S2-2-1-05

```
>>> if 'banana' :
...    print ('True')
...
True
```

if 스테이트먼트 2-1

: if Statement는 '조건의 선택에 따라 다른 결과를 보여줄 때' 씁니다.

S2-2-1-06

```
>>> if '' :
...    print ('True')
...
>>>
```

마찬가지로 빈 문자열은 **False**이고, 그래서 결과가 없습니다.

if Statement는 기본적으로
Comparison Operator [컴패리슨 오퍼레이터 : 비교 연산자]를 활용합니다.
Comparison Operator는
우리가 수학에서 배운 '부등호' (**〉, ≥, ≠ ...**)를
Python으로 표현하는 방식입니다.
Comparison Operator는 좌우의 **Object** [업젝트 : 대상]를 비교하는 것이고,
이를 근거로 **if Statement**는 평가합니다.
다음을 확인해 보겠습니다.

● **Comparison Operators in Python**

수학	Python	의미
A = B	A == B	**A**와 **B**는 같음
A ≠ B	A != B	**A**와 **B**는 같지 않음
A 〉 B	A 〉 B	**A**는 **B**보다 큼
A 〈 B	A 〈 B	**A**는 **B**보다 작음
A ≧ B	A 〉= B	**A**는 **B**보다 크거나 같음
A ≦ B	A 〈= B	**A**는 **B**보다 작거나 같음

● The Honey Tips for Coding and Computational Thinking

● The Very Basics Of Python

● The Ultimate Beginners' Guide for Coding with Python

2. Statements
if Statement 2-1 : Condition

S2-2-1-07

```
>>> if 4 > 2 :
...    print ('True')
...
True
```

해석을 하면 '**4**가 **2**보다 크면 : (참)이라고 **print**'가 됩니다.
Comparison Operator로 **String** [스트링 : 문자열]의 비교도 가능합니다.
String 간의 비교로 같은지, 다른지, 큰지, 작은지를 확인할 수 있습니다.

S2-2-1-08

```
>>> if 'apple' == 'apple' :
...    print ('True')
...
True
```

S2-2-1-09

```
>>> if 'apple' != 'melon' :
...    print ('True')
...
True
```

S2-2-1-10

```
>>> if 'apple' < 'melon' :
...    print ('True')
...
True
```

이때는 '사과'와 '멜론'의 실제 크기를 비교한 것이 아니라,
첫 글자의 알파벳 순서 상 나중에 나오는 것을 큰 것으로 비교합니다.

if 스테이트먼트 2-1

: **if Statement**는 '조건의 선택에 따라 다른 결과를 보여줄 때' 씁니다.

S2-2-1-11

```
>>> if 'applepie' > 'applejam' :
...    print ('True')
...
True
```

String은 한 글자씩 서로 비교를 하다가,
다른 글자가 나오면 그때 크기를 따져 평가합니다.
그래서 **-pie > -jam**에서 **p**가 **j**보다 더 큰 문자이기 때문에
True로 평가하는 것입니다.

이번에는 **if Statement**를 좀 더 응용해 보겠습니다.
if friend == a와 **if friend != a** 그러니까
'만약에 **a**와 같다면'과 '만약에 **a**와 같지 않다면'을 활용하는 것입니다.
그러면 '이름'으로 확인해 보겠습니다.
이름이 **Tom**인데 **Tom**이 **==** 맞으면 **'Hi, Tom!'**이라고 **print ( )** 하고,
만약에 **Tom**이 **!=** 아니면 **'Who are you?'**라고 **print ( )** 해봅시다!

S2-2-1-12

```
>>> name = 'Tom'
>>> if name == 'Tom' :
...    print ('Hi, Tom!')
...
Hi, Tom!
```

S2-2-1-13

```
>>> name = 'Joy'
>>> if name != 'Tom' :
...    print ('Who are you?')
...
Who are you?
```

● The Ultimate Beginners' Guide for Coding with Python

2. Statements
if Statement 2-1 : Condition

 Coding Drill (코딩훈련 1.)

if 2 == 2 :이라는 **if Statement** [이프 스테이트먼트 : 조건문]가 **True**일 때
'Yes'라고 **print ( )** 해봅시다!

S2-2-1-d1

```
>>> if 2 == 2 :
...     print ('Yes')
...
Yes
```

 Coding Drill (코딩훈련 2.)

if 4 > 2 :이라는 **if Statement**가 **True**일 때
'Yes'라고 **print ( )** 해봅시다!

S2-2-1-d2

```
>>> if 4 > 2 :
...     print ('Yes')
...
Yes
```

 Coding Drill (코딩훈련 3.)

age = 22라고 하고, **if age >= 19 :**을 사용하여 '성인인증'을 해봅시다!
나이가 **19**세 이상이면 환영 메시지 **'Welcome!'**을 **print ( )** 합니다.

if 스테이트먼트 2-1

: **if Statement**는 '조건의 선택에 따라 다른 결과를 보여줄 때' 씁니다.

S2-2-1-d3

```
>>> age = 22
>>> if age >= 19 :
...    print ('Welcome!')
...
Welcome!
```

Coding Drill (코딩훈련 4.)

age = 17이라고 하고, **if age >= 19 :**을 사용하여 '성인인증'을 해봅시다!
나이가 **19**세 이상이면 환영 메시지 **'Welcome!'**을 **print ( )** 합니다.
('참'이 아니면 답이 안나옵니다.)

S2-2-1-d4

```
>>> age = 17
>>> if age >= 19 :
...    print ('Welcome!')
...
>>>
```

Coding Drill (코딩훈련 5.)

friend = 'Tom'이라고 하고, **if friend == 'Tom' :**을 사용하여 '친구를
확인'해봅시다! **'Tom'**이 **friend**이면 **'Hi, Tom!'**을 **print ( )** 합니다.

S2-2-1-d5

```
>>> friend = 'Tom'
>>> if friend == 'Tom' :
...    print ('Hi, Tom!')
...
Hi, Tom!
```

The Honey Tips for Coding and Computational Thinking

● The Very Basics Of Python

● The Ultimate Beginners' Guide for Coding with Python

아! 잠깐만yo!
think like programer

Python Flow Chart (1)

명령이 순차적으로 진행되는 것을 **Flow** [플로우 : 흐름]라고 하며,
이러한 구조를 **Control Structure** [컨트럴 스트럭쳐 : 제어 구조]라고 부릅니다.

그리고 **Control Structure**에 따라 **Flow**를
간단한 도식으로 그려놓은 것을
Flow Chart [플로우 차트 : 흐름도]라고 합니다.

Flow는 명령이 진행되는 방식에 따라
구조와 모양이 다른데
Python에는 대표적인 3가지
Control Structure가 있습니다.
그 중 하나가 **if Statement**
[이프 스테이트먼트 : if 문 / 조건문]입니다.

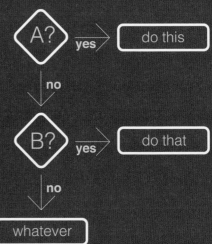

if Statement는 **if / elif / else**로
조건의 충족 여부에 따라
다양한 결과로 처리됩니다.
그러니까 **if**는 '조건 **A**'를 충족했을 때 처리되고,
elif는 '조건 **A**'는 충족하지 못하지만, '조건 **B**'를 충족했을 때,
그리고 **else**는 어떤 조건도 충족되지 않았을 때 처리 완료되는 방식입니다.

(만약에 나는 **'apple'**을 좋아하는데, **A**는 **'banana'**, **B**는 **'melon'**이라면
그밖의 것으로 처리가 된다는 것이고, 또는 내가 **'banana'**를 좋아한다면
바로 **A**에서 흐름이 종료된다는 것입니다.)

If you can dream it, you can code it.

The if Statement is used to test for particular
condition and respond appropriately.
if문은 특정 조건을 테스트하고 적절하게 대응하는데 사용합니다.

● Read a chapter, then do interactive exercises to make your Python knowledge stick.

● The Ultimate Beginners' Guide for Coding with Python
2. Statements
if Statement 2-2 : if else

2. Statements
if Statement 2-2 : if else
: 'if else 조건문'

if Statement [이프 스테이트먼트 : **조건문**]의 조건을
좀 더 세분화할 수 있습니다. 예를 들어
'만약에 바나나가 노란색이면 먹어라!'라고 프린트하고,
'그렇지 않고 바나나가 녹색이면 기다려라!'라고 프린트하는 방식입니다.

이렇게 나머지 또 다른 결과를 상정하는 것이
else [엘스 : **그렇지 않으면**]입니다. 그래서 이를
if else Statement [이프 엘스 스테이트먼트]라고 부를 수 있고,
'만약에 ~라면 ~하고, 그렇지 않으면 ~해라!'가 우리말 해석입니다.

if else Statement의 기본적인 형식은 다음과 같습니다.

```
>>> if a :
...      print ( )
... else :
...      print ( )
```

if else 스테이트먼트 2-2

: else는 나머지 또 다른 결과를 상정하는 것입니다.

반드시 **if**로 시작하고 **: Colon** [콜런 : 쌍점]으로 마무리하며,
그리고 이어지는 **print ( )**는 Indentation [인덴테이션 : 들여 쓰기] 합니다.
else는 **if**와 줄을 맞추고, 그리고 이어지는 **print ( )**는 역시
Indentation 합니다. **print ( )**끼리 줄을 맞추는 상황입니다.
그래서 '만약에 ~라면, ~라고 **print** 하고,
그렇지 않으면 ~라고 **print** 해라!'라는 뜻의 완결된 문장이 됩니다.

print ( ) 행의 **Indentation**은 키보드에서 **Tab** [탭] 버튼을 한 번 누르거나,
Space Bar [스페이스 바]를 4번 누르면 됩니다.
이렇게 **Indentation** 하는 이유는 **Code**의 가독성을 높이기 위한 장치이자
Python 안에서의 약속입니다.

바로 앞 **if Statement 1-1 : if**에서 다루었던 예제에
else를 추가하여 **if else Statement**로 확장해보겠습니다.

S2-2-2-01

```
>>> if 2 == 2 :
...     print ('Yes')
... else :
...     print ('No')
...
Yes
```

S2-2-2-02

```
>>> if 2 > 2 :
...     print ('Yes')
... else :
...     print ('No')
...
No
```

The Honey Tips for **Coding** and **Computational Thinking**

● **The Very Basics Of Python**

● Read a chapter, then do interactive exercises to make your Python knowledge stick.

● The Ultimate Beginners' Guide for Coding with Python

2. Statements
if Statement 2-2 : if else

다음은 '성인인증' 완결판입니다.
각각 **age = 22**, **age = 17**
성인이면 **'Welcome!'**, 그렇지 않으면 **'Go home!'**이라고
print ( ) 해보겠습니다.

S2-2-2-03

```
>>> age = 22
>>> if age >= 19 :
...    print ('Welcome!')
... else :
...    print ('Go home!')
...
Welcome!
```

S2-2-2-04

```
>>> age = 17
>>> if age >= 19 :
...    print ('Welcome!')
... else :
...    print ('Go home!')
...
Go home!
```

if else 스테이트먼트 2-2

: **else**는 나머지 또 다른 결과를 상정하는 것입니다.

Coding Drill (코딩훈련 1.)

friend = 'Jonny'라고 하고, **if friend == 'Jonny'** :이면 **'Hi, Jonny!'**,
그렇지 않으면 **'Sorry, who are you?'**라고 **print ( )** 해봅시다!

S2-2-2-d1

```
>>> friend = 'Jonny'
>>> if friend == 'Jonny' :
...   print ('Hi, Jonny!')
... else :
...   print ('Sorry, who are you?')
...
Hi, Jonny!
```

Coding Drill (코딩훈련 2.)

friend = 'Tommy'라고 하고, **if friend == 'Jonny'** :이면 **'Hi, Jonny!'**,
그렇지 않으면 **'Sorry, who are you?'**라고 **print ( )** 해봅시다!

S2-2-2-d2

```
>>> friend = 'Tommy'
>>> if friend == 'Jonny' :
...   print ('Hi, Jonny.')
... else :
...   print ('Sorry, who are you?')
...
Sorry, who are you?
```

● The Ultimate Beginners' Guide for Coding with Python

2. Statements
if Statement 2-2 : if else

 Coding Drill (코딩훈련 3.)

team = ['Tom', 'John', 'Joy']라는 **List**를 만들고, **in Operator** [인 오퍼레이터]를 사용하여 **'Tom'**이 팀원이면 **'He is our team.'**, 아니면 **'Sorry, he is not our team.'**이라고 **print ( )** 해봅시다!

S2-2-2-d3

```
>>> team = ['Tom', 'John', 'Joy']
>>> if 'Tom' in team :
...    print ('He is our team.')
... else :
...    print ('Sorry, he is not our team.')
...
He is our team.
```

Coding Drill (코딩훈련 4.)

team = ['Tom', 'John', 'Joy']라는 **List**를 만들고, **in Operator** [인 오퍼레이터]를 사용하여 **'Volt'**가 팀원이면 **'He is our team.'**, 아니면 **'Sorry, he is not our team.'**이라고 **print ( )** 해봅시다!

S2-2-2-d4

```
>>> team = ['Tom', 'John', 'Joy']
>>> if 'Volt' in team :
...    print ('He is our team.')
... else :
...    print ('Sorry, he is not our team.')
...
Sorry, he is not our team.
```

if else 스테이트먼트 2-2

: else는 나머지 또 다른 결과를 상정하는 것입니다.

 Coding Drill (코딩훈련 5.)

team = ['Tom', 'John', 'Joy']라는 **List**를 만들고, **in Operator**를 사용하여
'John' and 'Joy'가 모두 팀원이면 **'Yes, they are our team.'**,
아니면 **'No, I don't think so.'**라고 **print ( )** 해봅시다!

S2-2-2-d5

```
>>> team = ['Tom', 'John', 'Joy']
>>> if 'John' and 'Joy' in team :
...   print ('Yes, they are our team.')
... else :
...   print ('No, I don\'t think so.')
...
Yes, they are our team.
```

The Honey Tips for Coding and Computational Thinking ●

The Very Basics Of Python ●

● Read a chapter, then do interactive exercises to make your Python knowledge stick.

● The Ultimate Beginners' Guide for Coding with Python
2. Statements
if Statement 2-3 : elif

2. Statements
if Statement 2-3 : elif
: 'elif 조건문'

if Statement [이프 스테이트먼트 : 조건문]의 조건을 보다 더 세분화할 수 있습니다.
elif [엘리프 : 그렇지 않고 만약에]를 추가하면, 조건을 무한개로 늘릴 수 있습니다.
이렇게 **elif**를 추가하여 조건들을 연결하는 것을
Chaining [체이닝 : 연쇄(적 처리)]이라고 합니다.

그래서 이제 우리의 **if Statement**는 **if / elif / else**로 조건의 충족 여부에 따라
다양한 결과로 처리할 수 있습니다.
그러니까 **if**는 '조건 1'을 충족했을 때 처리되고,
elif는 '조건 1'은 충족하지 못하지만, '조건 2'를 충족했을 때,
그리고 **else**는 어떤 조건도 충족되지 않았을 때의 처리 방법입니다.

elif Statement의 기본적인 형식은 다음과 같습니다.

```
>>> if a :
...      print ( )
... elif b :
...      print ( )
... else :
...      print ( )
```

elif 스테이트먼트 2-3

: elif는 '조건 1'은 충족하지 못하지만, '조건 2'를 충족했을 때 씁니다.

if로 시작하고 : Colon [콜런 : 쌍점]으로 마무리하며,
이어지는 print ( )는 Indentation [인덴테이션 : 들여 쓰기] 합니다.

그리고 elif는 if와 줄을 맞추고, 이어지는 print ( )는 역시
Indentation 합니다.
else 또한 if와 줄을 맞추고, 이어지는 print ( )도
Indentation 하면 됩니다.

그러면 '만약에 ~라면, ~라고 print 하고,
만약에 그렇지 않고 ~라면, ~라고 print 하고,
그렇지 않으면, ~라고 print 해라!'라는 뜻의
완결된 문장이 됩니다.

if Statement를 만들 때,
and [앤드 : 그리고]나 or [오어 : 또는]와 같은
Logical Operator [로지컬 오퍼레이터 : 논리연산자]를 함께 사용하면
보다 구체적인 조건을 만들 수 있습니다.
Logical Operator는 논리를 보충해 주는 유용한 도구입니다.

if / elif / else를 사용하여 '성인인증'을 확인해 보겠습니다.

성인이면 'Welcome!', 18세이면 'Not today!' ,
이하 성인이 아니면 'Go home!'이라고 print ( ) 해보겠습니다.

● The Honey Tips for Coding and Computational Thinking

● The Very Basics Of Python

● Read a chapter, then do interactive exercises to make your Python knowledge stick.

● The Ultimate Beginners' Guide for Coding with Python

2. Statements
if Statement 2-3 : elif

S2-2-3-01

```
>>> age = 20
>>> if age >= 19 :
...     print ('Welcome!')
... elif age == 18 :
...     print ('Not today!')
... else :
...     print ('Go home!')
...
Welcome!
```

S2-2-3-02

```
>>> age = 18
>>> if age >= 19 :
...     print ('Welcome!')
... elif age == 18 :
...     print ('Not today!')
... else :
...     print ('Go home!')
...
Not today!
```

S2-2-3-03

```
>>> age = 16
>>> if age >= 19 :
...     print ('Welcome!')
... elif age == 18 :
...     print ('Not today!')
... else :
...     print ('Go home!')
...
Go home!
```

elif 스테이트먼트 2-3

: elif는 '조건 1'은 충족하지 못하지만, '조건 2'를 충족했을 때 씁니다.

 Coding Drill (코딩훈련 1.)

friend = 'Tommy'라고 하고, **friend**가 **'Tommy'**이면 **'Hi, Tommy!'**,
그렇지 않고 **'Jonny'**이면 **'Hey, Jonny!'** 이도 저도 아니면 **'Who are you?'**라고
print ( ) 해봅시다!

S2-2-3-d1

```
>>> friend = 'Tommy'
>>> if friend == 'Tommy' :
...    print ('Hi, Tommy!')
... elif friend == 'Jonny' :
...    print ('Hey, Jonny!')
... else :
...    print ('Who are you?')
...
Hi, Tommy!
```

 Coding Drill (코딩훈련 2.)

friend = 'Jonny'라고 하고, **friend**가 **'Tommy'**이면 **'Hi, Tommy!'**,
그렇지 않고 **'Jonny'**이면 **'Hey, Jonny!'** 이도 저도 아니면 **'Who are you?'**라고
print ( ) 해봅시다!

S2-2-3-d2

```
>>> friend = 'Jonny'
>>> if friend == 'Tommy' :
...    print ('Hi, Tommy!')
... elif friend == 'Jonny' :
...    print ('Hey, Jonny!')
... else :
...    print ('Who are you?')
...
Hey, Jonny!
```

● The Honey Tips for Coding and Computational Thinking

● The Very Basics Of Python

● Read a chapter, then do interactive exercises to make your Python knowledge stick.

● The Ultimate Beginners' Guide for Coding with Python

2. Statements
if Statement 2-3 : elif

 Coding Drill (코딩훈련 3.)

friend = **'Van'**이라고 하고, friend가 **'Tommy'**이면 **'Hi, Tommy!'**,
그렇지 않고 **'Jonny'**이면 **'Hey, Jonny!'** 이도 저도 아니면 **'Who are you?'**라고
print ( ) 해봅시다!

S2-2-3-d3

```
>>> friend = 'Van'
>>> if friend == 'Tommy' :
...     print ('Hi, Tommy!')
... elif friend == 'Jonny' :
...     print ('Hey, Jonny!')
... else :
...     print ('Who are you?')
...
Who are you?
```

 Coding Drill (코딩훈련 4.)

person = **'Tom'**이라고 하고, YB = **['Tom', 'John']**과 OB = **['Jack', 'Lucas']**를
만들어 **in Operator** [인 오퍼레이터]를 함께 사용하여 YB, OB에 **person**이 있는지
확인 후, **'He is YB.'** 또는 **'He is OB.'**, 아니면 **'No, not our team.'**이라고
print ( ) 해봅시다!

S2-2-3-d4

```
>>> person = 'Tom'
>>> YB = ['Tom', 'John']
>>> OB = ['Jack', 'Lucas']
```

● Read a chapter, then do interactive exercises to make your Python knowledge stick.

elif 스테이트먼트 2-3

: elif는 '조건 1'은 충족하지 못하지만, '조건 2'를 충족했을 때 씁니다.

```
>>> if person in YB :
...    print ('He is YB.')
... elif person in OB :
...    print ('He is OB.')
... else :
...    print ('No, not our team.')
...
He is YB.
```

Coding Drill (코딩훈련 5.)

person = 'Charles'라고 하고, **YB = ['Tom', 'John']**과 **OB = ['Jack', 'Lucas']**를
만들어 **in Operator**를 함께 사용하여 **YB, OB**에 **person**이 있는지 확인 후,
'He is YB.' 또는 **'He is OB.'**, 아니면 **'No, not our team.'**이라고
print ( ) 해봅시다!

S2-2-3-d5

```
>>> person='Charles'
>>> YB = ['Tom', 'John']
>>> OB = ['Jack', 'Lucas']
... if person in YB :
...    print ('He is YB.')
... elif person in OB :
...    print ('He is OB.')
... else :
...    print ('No, not our team.')
...
No, not our team.
```

The Honey Tips for **Coding** and **Computational Thinking**

● The Very Basics Of Python

● Read a chapter, then do interactive exercises to make your Python knowledge stick.

● The Ultimate Beginners' Guide for Coding with Python

2. Statements
for Statement 3-1 : Iterating

2. Statements
for Statement 3-1 : Iterating

: 'for 반복문'

for Statement [포 스테이트먼트]는
'시작과 끝이 정해져 있는 반복문'입니다.
예를 들어 지정된 **Item**을 순서대로 반복해서 나열해 주는 것입니다.
for Loop [포 루프]라고도 하고,
Iterative Loop [이터레이티브 루프 : 반복 루프(순환)]라고도 합니다.

for Statement는 예를 들면 '**1**부터 **5**까지 각각 하나씩 출력해라!',
"**banana**'에 대해 각각의 문자를 처음부터 끝까지
한 글자씩 출력해라!'라고 할 때 사용한다는 것입니다.
그래서 **for Statement**의 **for**는 **for each** (각각에 대하여)라는
의미로 이해하면 됩니다.

for Statement를 표현하는 방법은 다음과 같습니다.

```
>>> for value in [a] :
...     print (value)
```

즉 '**[a]** 안에(**in**) 있는 **value [밸류 : 값]** 각각에 대해 **:** **print ( )** 해라.'입니다.

for 스테이트먼트 3-1

: **for Statement**는 '시작과 끝이 정해져 있는 반복문'입니다.

for로 시작하고 **: Colon** [콜런 : 쌍점]으로 마무리합니다.
(이때 **Colon**은 코드의 구역을 표시한다고 해서
Code Block [코드 블럭]이라고 합니다.)
그리고 **print ( )**는 반드시
Indentation [인덴테이션 : 들여 쓰기]을 해야 합니다.
그리고 엔터를 두 번 누르면 결과가 나옵니다.

좀 더 단순하게 예를 들면 다음과 같습니다.

```
>>> for item in items :
...       print (item)
```

즉, **items** [아이템즈 : 요소들] 안의 **item** [아이템 : 요소]
각각에 대해 반복해서 **print** 하라는 것입니다.

먼저 **Number** [넘버 : 숫자]로 확인해 보겠습니다.
1, 2, 3, 4, 5를 nums라는 **List**로 정리합니다.
그리고 **List** 안에 있는(**in**) 요소(**num**) 각각을
print ( ) 합니다.

S2-3-1-01

```
>>> for value in [1, 2, 3, 4] :
...    print (value)
...
1
2
3
4
```

● The Honey Tips for Coding and Computational Thinking

● The Very Basics Of Python

● Read a chapter, then do interactive exercises to make your Python knowledge stick.

● The Ultimate Beginners' Guide for Coding with Python

2. Statements
for Statement 3-1 : Iterating

물론 **value**를 구체적으로 써도 됩니다.
numbers라는 **List**의 **value**는 **number**이며,
numbers는 **nums**로 줄여서 써보겠습니다.

S2-3-1-02

```
>>> nums = [1, 2, 3, 4]
>>> for num in nums :
...    print (num)
...
1
2
3
4
```

그러면 이번에는 **String** [스트링 : 문자열]을 알아보겠습니다.
'banana'라는 **String**을 **b**라고 하고
b 안에 있는(**in**) 요소(**val** / **item**)에 대하여 각각을 **print ( )** 합니다.

S2-3-1-03

```
>>> for val in 'banana' :
...    print (val)
...
b
a
n
a
n
a
```

for 스테이트먼트 3-1

: for Statement는 '시작과 끝이 정해져 있는 반복문'입니다.

S2-3-1-04

```
>>> b = 'banana'
>>> for item in b :
...    print (item)
...
b
a
n
a
n
a
```

그러면 **'banana'**는 **String**이고,
val / item은 각각의 **Character** [캐릭터 : 문자]들이기 때문에
print ( ) 하면 순서대로 문자를 하나씩 모두 다 출력합니다.

다음은 **List**를 가지고 **for Statement**를 확인해 보겠습니다.
List 안에 있는 **Item**을 하나씩 전부 호출하는 방식이 되겠습니다.
이때의 **Item**은 각각의 **Object** [업젝트 : 대상]가 됩니다.

그러면 과일 **List**를 만들어 **fruits**라고 하고,
for Statement로 각각의 **item**을 **print ( )** 해보겠습니다.

S2-3-1-05

```
>>> fruits = ['apple', 'banana', 'melon']
>>> for item in fruits :
...    print (item)
...
apple
banana
melon
```

● The Honey Tips for Coding and Computational Thinking

● The Very Basics Of Python

● The Ultimate Beginners' Guide for Coding with Python

2. Statements
for Statement 3-1 : Iterating

이때 **fruits**라는 **List** 각각의 **Object**는
사실상 **fruit**이기 때문에 **item**이라는 속성 대신에
구체적인 이름인 **fruit**라고 써도 됩니다.

S2-3-1-06

```
>>> fruits = ['apple', 'banana', 'melon']
>>> for fruit in fruits :
...    print (fruit)
...
apple
banana
melon
```

문장을 응용하여 함께 출력하면 다음과 같은 결과를 얻을 수 있습니다.

S2-3-1-07

```
>>> friends = ['Tom', 'Joy', 'Sandy', 'Roony']
>>> for friend in friends :
...    print (friend + ' is my friend.')
...
Tom is my friend.
Joy is my friend.
Sandy is my friend.
Roony is my friend.
```

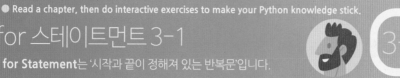

for 스테이트먼트 3-1

: **for Statement**는 '시작과 끝이 정해져 있는 반복문'입니다.

3-1

 Coding Drill (코딩훈련 1.)

['London', 'Berlin', 'Shanghai']라는 **List** 안의 **city**를
for Statement [포 스테이트먼트]로 **print ( )** 해봅시다!

S2-3-1-d1

```
>>> for city in ['London', 'Berlin', 'Shanghai'] :
...    print (city)
...
London
Berlin
Shanghai
```

 Coding Drill (코딩훈련 2.)

cities = ['London', 'Berlin', 'Shanghai']라는 **List**를 만들고,
for Statement를 사용하여 **cities** 안의 **city**를 **print ( )** 해봅시다!

S2-3-1-d2

```
>>> cities = ['London', 'Berlin', 'Shanghai']
>>> for city in cities :
...    print (city)
...
London
Berlin
Shanghai
```

● The Ultimate Beginners' Guide for Coding with Python

Statements
for Statement 3-1 : Iterating

 Coding Drill (코딩훈련3.)

stuffs = ['phone', 'car', 'pc']라는 List를 만들고,
for Statement를 사용하여 stuffs 안의 stuff를 print ( ) 해봅시다!

S2-3-1-d3

```
>>> stuffs = ['phone', 'car', 'pc']
>>> for stuff in stuffs :
...     print (stuff)
...
phone
car
pc
```

 Coding Drill (코딩훈련4.)

family = ['mom', 'dad', 'kids']라는 List를 만들고,
for Statement를 사용하여 family 안의 요소로서의 f를 print ( ) 해봅시다!

S2-3-1-d4

```
>>> family = ['mom', 'dad', 'kids']
>>> for f in family :
...     print (f)
...
mom
dad
kids
```

for 스테이트먼트 3-1

: **for Statement**는 '시작과 끝이 정해져 있는 반복문'입니다.

 Coding Drill (코딩훈련 5.)

cities = ['London', 'Berlin']이라는 **List**를 만들고,
for Statement를 사용하여 **cities** 안의 **city**를 ***2**로 두 번씩 반복하여
print ( ) 해봅시다!

S2-3-1-d5

```
>>> cities = ['London', 'Berlin']
>>> for city in cities :
...     print (city * 2)
...
LondonLondon
BerlinBerlin
```

● The Honey Tips for Coding and Computational Thinking

● The Very Basics Of Python

● Read a chapter, then do interactive exercises to make your Python knowledge stick.

● The Ultimate Beginners' Guide for Coding with Python
2. Statements
for Statement 3-2 : range, enumerate

2. Statements
for Statement 3-2 : range, enumerate
: 'for 반복문'의 범위와 열거

for Statement [포 스테이트먼트 : 반복문]를 사용할 때
range ( ) Function [레인지 펑션 : 범위 기능/함수]을
이용하여 '범위를 지정'할 수 있습니다.
우리가 앞에서 배웠던 **Slicing [슬라이싱 : 자르기]** 개념입니다.

range ( ) Function은
range (x, y, z) 하는 식으로 범위를 나타냅니다.
x는 시작점, **y**는 끝나는 점, **z**는 건너뛰기의 범위입니다.

> **>>> range (from x, to y-1, step z)**

'**x**에서 시작해서 **y-1**까지 **z**만큼씩 건너뛴다!'라는 뜻입니다.
그래서 예를 들어 **range (5)**라고 숫자가 하나만 나오면
시작점 **0**을 생략한 것이고, **0**부터 **4**까지를 의미합니다.

그래서 **print (number)**를 하면 **0**부터 **4**까지
하나씩 반복적으로 줄을 바꾸어 출력합니다.

for 스테이트먼트 3-2

: for Statement에 range ( ), enumerate ( ) Function 사용법!

S2-3-2-01

```
>>> for number in range (5) :
...     print (number)
...
0
1
2
3
4
```

그리고, **Comma**를 사용하여 **range (1, 5)**라고 하면,
1부터 **5**까지 즉, 두 번째부터 네 번째까지 범위를 말하는 것입니다.

S2-3-2-02

```
>>> for number in range (1, 5) :
...     print (number)
...
1
2
3
4
```

조금 더 구체적으로 지정하여 **range (2, 7, 2)**라고 하면
'**2**부터 **7-1**까지 두 칸씩 건너 뛴다.'라는 뜻입니다.

S2-3-2-03

```
>>> for number in range (2, 7, 2) :
...     print (number)
...
2
4
6
```

● Read a chapter, then do interactive exercises to make your Python knowledge stick.

● The Ultimate Beginners' Guide for Coding with Python

2. Statements
for Statement 3-2 : range, enumerate

그리고 역순으로 범위를 지정할 수도 있습니다.
예를 들어 **range (5, 1, -1)**이라고 하면,
'**5**에서 **1**까지 거꾸로 한 칸씩 내려온다.'라는 뜻입니다.

S2-3-2-04

```
>>> for number in range (5, 1, -1) :
...    print (number)
...
5
4
3
2
```

enumerate ( ) [이뉴머레이트 : 열거하다] **Function**은
List 안에 있는 각각의 **Item**에 순번을 붙여 보여줍니다.
enumerate ( ) Function의 원리는 예를 들면 다음과 같습니다.

```
>>> for index, item in enumerate (fruits) :
...        print (index, item)
```

즉 '**fruits**라는 **List** 안의 **item**을 번호를 붙여, 각각에 대해 순서를 반복한다.'라는
뜻입니다. 그래서 **print ( )** 해야 할 것은 **index, item**이 됩니다. (번호가 붙은 아이템)

index는 순서를 말하며, **0**번부터 시작합니다.
index는 **i**로 줄여서 쓸 수 있으며, **item**도 구체적으로 지정하면 됩니다.

294 Learn Python well and fast with the compact beginners' guide on Python programing.

Python Tutorial for Absolute Beginners

● Read a chapter, then do interactive exercises to make your Python knowledge stick.

for 스테이트먼트 3-2

: for Statement에 range ( ), enumerate ( ) Function 사용법!

3-2

>>> for i, fruit in enumerate (fruits) :
...   print (i, fruit)

그러면 실제로 확인해 보겠습니다.

S2-3-2-05

```
>>> fruits = ['cherry', 'grape', 'apple']
>>> for i, fruit in enumerate (fruits) :
...   print (i, fruit)
...
0 cherry
1 grape
2 apple
```

S2-3-2-06

```
>>> nums = ['zero', 'one', 'two']
>>> for i, num in enumerate (nums) :
...    print (i, num)
...
0 zero
1 one
2 two
```

● The Honey Tips for Coding and Computational Thinking

● The Very Basics Of Python

● Read a chapter, then do interactive exercises to make your Python knowledge stick.

● The Ultimate Beginners' Guide for Coding with Python

2. Statements
for Statement 3-2 : range, enumerate

Coding Drill (코딩훈련 1.)

for Statement [포 스테이트먼트 : 반복문]에 **range ( ) Function**
[레인지 펑션 : 범위 기능/함수]을 사용하여 **1**에서 **6**까지 **print ( )** 해봅시다!

S2-3-2-d1

```
>>> for number in range (1, 6) :
...     print (number)
...
1
2
3
4
5
```

Coding Drill (코딩훈련 2.)

for Statement에 **range ( ) Function**을 사용하여
0에서 **10**까지 처음을 시작으로 세 번째 간격마다 **print ( )** 해봅시다!

S2-3-2-d2

```
>>> for number in range (0, 10, 3) :
...     print (number)
...
0
3
6
9
```

for 스테이트먼트 3-2

: for Statement에 range ( ), enumerate ( ) Function 사용법!

 Coding Drill (코딩훈련 3.)

for Statement에 **range ( ) Function**을 사용하여
7에서 **1**까지 거꾸로 **2**칸씩 내려온 숫자만 **print ( )** 해봅시다!

S2-3-2-d3

```
>>> for number in range (7, 1, -2) :
...    print (number)
...
7
5
3
```

Coding Drill (코딩훈련 4.)

for Statement에 **enumerate ( )** [이뉴머레이트 : 열거하다] **Function**을 사용하여,
cities에 순서를 **print ( )** 해봅시다!

S2-3-2-d4

```
>>> cities = ['Seoul', 'Rome', 'Sydney']
>>> for i, city in enumerate (cities) :
...    print (i, city)
...
0 Seoul
1 Rome
2 Sydney
```

● The Honey Tips for Coding and Computational Thinking

● The Very Basics Of Python

● Read a chapter, then do interactive exercises to make your Python knowledge stick.

● The Ultimate Beginners' Guide for Coding with Python

2. Statements
for Statement 3-2 : range, enumerate

Coding Drill (코딩훈련 5.)

for Statement에 enumerate Function을 사용하여,
colors에 순서를 print ( ) 해봅시다!

S2-3-2-d5

```
>>> colors = ['blue', 'red', 'green', 'white']
>>> for i, color in enumerate (colors) :
...    print (i, color)
...
0 blue
1 red
2 green
3 white
```

● EASY
Learn How to Code Step by Step!

● SMART
Learn Python with the Compact Guide!

● QUICK
Learn Python in Short Way Ever!

● The Ultimate Beginners' Guide for Coding with Python

아! 잠깐만yo!
think like programer

Python Flow Chart (2)

명령이 순차적으로 진행되는 것을 **Flow** [플로우 : 흐름]라고 하며,
이러한 구조를 **Control Structure** [컨트럴 스트럭쳐 : 제어 구조]라고 부릅니다.

그리고 **Control Structure**에 따라 **Flow**를
간단한 도식으로 그려놓은 것을
Flow Chart [플로우 차트 : 흐름도]라고 합니다.

Flow는 명령이 진행되는 방식에 따라
구조와 모양이 다른데
Python에는 대표적인 3가지
Control Structure가 있습니다.
그 중 하나가 **for Statement** [포 스테이트먼트]입니다.

for Statement는
'시작과 끝이 정해져 있는 반복문'입니다.
for Loop [포 루프]라고도 하고,
Iterative Loop [이터레이티브 루프 :
반복 루프(순환)]라고도 합니다.

for Statement는 '**A**부터 시작해서 **D**까지
각각 하나씩 출력해라!'라고 할 때 사용합니다.
예를 들면 "**banana**'에 대해 각각의 문자를 처음부터 끝까지
한 글자씩 출력해라!'라고 할 때 사용한다는 것입니다.
그래서 **for Statement**의 for는 **for each** (각각에 대하여)라는
의미로 이해하면 됩니다.

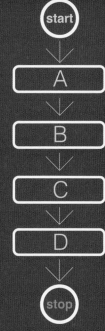

● The Honey Tips for Coding and Computational Thinking

● The Very Basics Of Python

● Read a chapter, then do interactive exercises to make your Python knowledge stick.

● The Ultimate Beginners' Guide for Coding with Python
2. Statements
for Statement 3-3 : for else

2. Statements
for Statement 3-3 : for else
: 'for else 반복문'

for Statement [포 스테이트먼트 : 반복문]에
if else Statement [이프 엘스 스테이트먼트 : else 조건문]에서 사용했던
else [엘스 : 그렇지 않으면]를 함께 사용할 수 있습니다.

for else Statement라고 부를 수 있으며,
for else Statement는
'각각의 아이템에 대해 반복하고,
그렇지 않으면 ~라고 해라/프린트 해라!'라는
방식으로 진행됩니다.

for else Statement를 표현하는 방법은 다음과 같습니다.

for와 **else**는 **: Colon [콜런 : 쌍점]**으로 마무리하고,
각각의 **print ( )**는 **Indentation [인덴테이션 : 들여 쓰기]** 합니다.
그리고 두 번 엔터하면 됩니다.

for 스테이트먼트 3-3

: **for Statement**에 **else**를 함께 사용할 수 있습니다.

S2-3-3-01

```
>>> a = '123'
>>> for item in a :
...    print (item)
... else :
...    print ('four')
...
1
2
3
four
```

그래서 '**a** 안의 각각의 **item**에 대해 **print** 하고,
그렇지 않으면 '**four**'라고 **print ( )** 해라!'라는 뜻이 됩니다.

List의 경우는 각각의 **Value** [밸류 : 값]에 대해 **print ( )** 하게 됩니다.

S2-3-3-02

```
>>> for val in [1, 2, 3] :
...    print (val)
... else :
...    print ('four')
...
1
2
3
four
```

● The Honey Tips for Coding and Computational Thinking

● The Very Basics Of Python

● The Ultimate Beginners' Guide for Coding with Python

2. Statements
for Statement 3-3 : for else

 Coding Drill (코딩훈련 1.)

a = 'Start'라고 하고, **for Statement [포 스테이트먼트]**를 사용하여 **a** 안에 있는 **item** 각각을 **print ( )** 하고, **else [엘스]**를 사용하여 **'Stop!'**이라고 **print ( )** 해봅시다!

S2-3-3-d1

```
>>> a = 'Start'
>>> for item in a :
...   print (item)
... else :
...   print ('Stop!')
...
S
t
a
r
t
Stop!
```

Coding Drill (코딩훈련 2.)

[1, 2, 3]이라는 **List** 안의 **Value (val)** 각각을 **for Statement**를 사용하여 **print ( )** 하고, **else**를 사용하여 **'end!'**라고 **print ( )** 해봅시다!

S2-3-3-d2

```
>>> for val in [1, 2, 3] :
...   print (val)
... else :
...   print ('end')
...
```

for 스테이트먼트 3-3

: for Statement에 else를 함께 사용할 수 있습니다.

```
1
2
3
end
```

 Coding Drill (코딩훈련 3.)

members = ['Tom', 'John', 'Sera']라는 List를 만들고, for Statement를
사용하여 members 안의 member 각각을 print ( ) 하고, else를 사용하여
'no more member'라고 print ( ) 해봅시다!

S2-3-3-d3

```
>>> members = ['Tom', 'John', 'Sera']
>>> for member in members :
...   print (member)
... else :
...   print ('no more member')
...
Tom
John
Sera
no more member
```

 Coding Drill (코딩훈련 4.)

for Statement에 range ( ) Function을 사용하여 세 번째까지 print ( ) 하고,
else를 사용하여 'number end'라고 print ( ) 해봅시다!

● The Honey Tips for Coding and Computational Thinking

● The Very Basics Of Python

● The Ultimate Beginners' Guide for Coding with Python

2. Statements
for Statement 3-3 : for else

S2-3-3-d4

```
>>> for number in range (3) :
...     print (number)
... else :
...     print ('number end')
...
0
1
2
number end
```

🧑 Coding Drill (코딩훈련 5.)

cities = ['Seoul', 'Rome', 'Sydney']라는 List를 만들고, for Statement에
enumerate ( ) [이뉴머레이트 : 열거하다] Function을 사용하여 cities에 순서를
print ( ) 하고, else를 사용하여 'I love these cities!'라고 print ( ) 해봅시다!

S2-3-3-d5

```
>>> cities = ['Seoul', 'Rome', 'Sydney']
>>> for i, city in enumerate (cities) :
...     print (i, city)
... else :
...     print ('I love these cities!')
...
0 Seoul
1 Rome
2 Sydney
I love these cities!
```

Think Coding, or Code Thinking!

The while Statement repeats a block of code as long as the certain condition is true.
while문은 특정 조건이 '참'인 동안 코드 블록을 반복합니다.

The for Statement is used to iterate over objects.
for문은 Objects [오브젝츠 : 객체들]를 반복하는데 사용됩니다.

Read a chapter, then do interactive exercises to make your Python knowledge stick.

The Ultimate Beginners' Guide for Coding with Python
2. Statements
for Statement 3-4 : break

2. Statements
for Statement 3-4 : break
: 'for 반복문'의 중지

for Statement [포 스테이트먼트 : 반복문]를 진행하다가
도중에 중단해야 하는 경우가 있습니다.
이럴 때 필요한 것이 바로 **break** [브레이크 : 중단]입니다.

break의 사용법은 단순합니다.
for Statement에 중단 지점을 표시하면 됩니다.
'만약 ~가 ~라면 : 멈춰라!'인 상황이기 때문에
for Statement 아래 **if Statement** [이프 스테이트먼트 : 조건문]를 추가합니다.

S2-3-4-01

```
>>> for val in [1, 2, 3, 4] :
...     if val == 3 :
...             break
...     print (val)
1
2
```

' **List** 안에 있는 **val** 즉, **Value** [밸류 : 값] 각각에 대해 반복해라 :
만약에 **val**이 **3**이 되면 멈춰라. 그리고 **val**을 **print ( )** 해라.'라는 것입니다.

for 스테이트먼트 3-4

: for Statement를 도중에 중단할 때는 **break**를 씁니다.

3-4

이때 **for Statement**에 **if Statement**가 종속되는 상황이기 때문에
Indentation [인덴테이션 : 들여 쓰기]을 해야 하며,
다음 줄의 **break**도 **Indentation** 합니다.
그리고 **print ( )**로 마무리하면 됩니다.
print ( )는 **if Statement**에 맞추어 **Indentation**을 합니다.

기본적인 **for Statement** 사이에
if Statement와 **break**가 삽입되었다고 생각하면 됩니다.

 Coding Drill (코딩훈련 1.)

['London', 'Berlin', 'Shanghai']라는 List의 city를 for Statement를
사용하여 반복하는데, 만약에 중간에 **if city == 'Berlin' :**이 되면 **break**를 하고,
그리고 **city**를 **print ( )** 해봅시다!

S2-3-4-d1

```
>>> for city in ['London', 'Berlin', 'Shanghai'] :
...    if city == 'Berlin' :
...        break
...    print (city)
...
London
```

● The Ultimate Beginners' Guide for Coding with Python

2. Statements
for Statement 3-4 : break

Coding Drill (코딩훈련 2.)

cities = ['London', 'Berlin', 'Shanghai']라는 List를 만들고, **for Statement**를
사용하여 반복하는데, 중간에 **if city == 'London' :**이 되면 **break** 하고,
그리고 **city**를 **print ( )** 해봅시다!

S2-3-4-d2

```
>>> cities = ['London', 'Berlin', 'Shanghai']
>>> for city in cities :
...     if city == 'London' :
...             break
...     print (city)
...
>>>
```

Coding Drill (코딩훈련 3.)

['mom', 'dad', 'kids']라는 List의 f를 **for Statement**를 사용하여 반복하는데,
중간에 **if f == 'kids' :**가 되면 **break** 하고, 그리고 **f**를 **print ( )** 해봅시다!

S2-3-4-d3

```
>>> for f in ['mom', 'dad', 'kids'] :
...     if f == 'kids' :
...             break
...     print (f)
...
mom
dad
```

for 스테이트먼트 3-4

: for Statement를 도중에 중단할 때는 **break**를 씁니다.

 Coding Drill (코딩훈련 4.)

stuffs = ['phone', 'car', 'pc']라는 List를 만들고, **for Statement**를 사용하여
반복하는데, 중간에 **if stuff == 'car' :**가 되면 **break** 하고,
그리고 **stuff**를 print ( ) 해봅시다!

S2-3-4-d4

```
>>> stuffs = ['phone', 'car', 'pc']
>>> for stuff in stuffs :
...     if stuff == 'car' :
...         break
...     print (stuff)
...
phone
```

 Coding Drill (코딩훈련 5.)

fruits = ['apple', 'banana', 'cherry']라는 List를 만들고, **for Statement**를
사용하여 반복하는데, 중간에 **if fruit == 'banana' :**가 되면 **break** 하고,
그리고 **fruit**를 print ( ) 해봅시다!

S2-3-4-d5

```
>>> fruits = ['apple', 'banana', 'cherry']
>>> for fruit in fruits :
...     if fruit == 'banana' :
...         break
...     print (fruit)
...
apple
```

● The Honey Tips for Coding and Computational Thinking

● The Very Basics Of Python

● Read a chapter, then do interactive exercises to make your Python knowledge stick.

● The Ultimate Beginners' Guide for Coding with Python
2. Statements
while Statement 4-1 : while

2. Statements
while Statement 4-1 : while
: 'while 반복문'

while Statement [와일 스테이트먼트]는
'조건을 충족시킬 때까지 반복하는 문장'입니다.
그러니까 **True [트루 : 참]**인 상황 하에서는
계속 반복하는 것입니다.

while Loop [와일 루프 : ~하는 동안 반복]라고도 하고,
Conditional Loop [컨디셔널 루프 : 조건 순환]라고도 합니다.

while Statement는 일반적으로
반복할 횟수를 정확히 모를 때 사용합니다.
시작과 끝이 명시되는 **for Statement [포 스테이트먼트]**와 다른 점입니다.

예를 들어 **for Statement**는
'집에서 공원까지 3바퀴 반복해서 도는 것'이라면
while Statement는
'지칠 때까지 반복해서 도는 것'이라고 생각할 수 있습니다.

while 스테이트먼트 4-1

: while Statement는 조건을 충족시킬 때까지 반복합니다.

while Statement의 기본구조는 예를 들면 다음과 같습니다.

S2-4-1-01

```
>>> while True :
...    print ('O.K.')
```

'참인 동안에는 **O.K.**이다.'입니다.
while로 시작하고 : Colon [콜런 : 쌍점]으로 마무리합니다.
(이때 **Colon**은 코드의 구역을 표시한다고 해서
Code Block [코드블럭]이라고 합니다.)
그리고 **print ( )**는 반드시 **Indentation** [인덴테이션 : 들여 쓰기] 합니다.
그리고 엔터를 두 번 누르면 결과가 나옵니다.

(참고적으로 위의 경우 실제 입력 시 계속해서 반복되어 **'O.K.'**라고 무한 출력됩니다
정지하는 방법은 키보드에서 '컨트롤 + **C**'를 누르면 됩니다.)

while Statement를 표현하는 방법은 다음과 같습니다.

S2-4-1-02

```
>>> num = 1
>>> while num < 3 :
...    print (num)
...    num += 1
...
1
2
```

● The Honey Tips for Coding and Computational Thinking

● The Very Basics Of Python

● The Ultimate Beginners' Guide for Coding with Python

2. Statements
while Statement 4-1 : while

We can learn **complete primary skills** of **Python fast** and **fun.**

● Python Tutorial for Absolute Beginners

num = 1이라고 하고, **num**이 **3**보다 작은 동안
반복해서 **num**을 **print ( )** 합니다.
그리고 **num += 1**이라고 지정하는데 이는 **num = num + 1**과 같은 뜻으로
'최초의 **num = 1**에서 **1**씩 더해나간다.'라는 뜻입니다
이렇게 조건이 참인 상황 안에서 계속 반복하는 것입니다.

(**print (num)**행과 **num += 1**행은
Indentation [인덴테이션 : 들여 쓰기] 하여 줄을 맞춥니다.)

 Coding Drill (코딩훈련 1.)

a = 0이라고 하고, **while Statement** [와일 스테이트먼트]로 **a**가 **4**보다 작거나 같을
때까지 반복해서 **a**를 **print ( )** 해봅시다! **a += 1**로 **a**를 **1**씩 더해나갑니다.

S2-4-1-d1

```
>>> a = 0
>>> while a <= 4 :
...    print (a)
...    a += 1
...
0
1
2
3
4
```

● Read a chapter, then do interactive exercises to make your Python knowledge stick.

while 스테이트먼트 4-1

4-1

: while Statement는 조건을 충족시킬 때까지 반복합니다.

 Coding Drill (코딩훈련 2.)

n = 4라고 하고, **while Statement**로 n이 0보다 클 때까지
반복해서 n을 **print ( )** 해봅시다! **n -= 1**로 n을 **1**씩 빼나갑니다.

S2-4-1-d2

```
>>> n = 4
>>> while n > 0 :
...   print (n)
...   n -= 1
...
4
3
2
1
```

Coding Drill (코딩훈련 3.)

a = 0이라고 하고, **while Statement**로 a가 4보다 작거나 같을 때까지
반복해서 a를 **print ( )** 해봅시다! **a += 2**로 a를 **2**씩 더해나갑니다.

S2-4-1-d3

```
>>> a = 0
>>> while a <= 4 :
...   print (a)
...   a += 2
...
0
2
4
```

● The Honey Tips for Coding and Computational Thinking

● The Very Basics Of Python

● The Ultimate Beginners' Guide for Coding with Python

2. Statements
while Statement 4-1 : while

 Coding Drill (코딩훈련 4.)

n = 9라고 하고, **while Statement**로 **n**이 **0**보다 클 때까지
반복해서 **n**을 **print ( )** 해봅시다! **n -= 3**으로 **n**을 **3**씩 빼나갑니다.

S2-4-1-d4

```
>>> n = 9
>>> while n > 0 :
...     print (n)
...     n -= 3
...
9
6
3
```

Coding Drill (코딩훈련 5.)

n = 3이라고 하고, **while Statement**로 **n**이 **0**보다 클 때까지
반복해서 **'O.K.'**라고 **print ( )** 해봅시다! **n -= 1**로 **n**을 **1**씩 빼나갑니다.

S2-4-1-d5

```
>>> n = 3
>>> while n > 0 :
...     print ('O.K.')
...     n -= 1
...
O.K.
O.K.
O.K.
```

BASIC
Learn How to Code Step by Step!
SMART
Learn Python with the Compact Guide!
Learn Python in Short Way Ever!

● The Ultimate Beginners' Guide for Coding with Python

아! 잠깐만yo!
think like programer

Python Flow Chart (3)

명령이 순차적으로 진행되는 것을 **Flow [플로우 : 흐름]**라고 하고,
이러한 구조를 **Control Structure [컨트럴 스트럭쳐 : 제어 구조]**라고 부릅니다.

그리고 **Control Structure**에 따라 **Flow**를
간단한 도식으로 그려놓은 것을
Flow Chart [플로우 차트 : 흐름도]라고 합니다.

Flow는 명령이 진행되는 방식에 따라
구조와 모양이 다른데
Python에는 대표적인 3가지
Control Structure가 있습니다.
그 중 하나가 **while Statement**
[와일 스테이트먼트]입니다. **while Loop**
[와일 루프 : ~하는 동안 반복]라고도 하고,
Conditional Loop
[컨디셔널 루프 : 조건 순환]라고도 합니다.

while Statement는
'조건을 충족시킬 때까지 반복하는 문장입니다.
그러니까 **True [트루 : 참]**인 상황 하에서는
계속 반복하는 것입니다.
A가 **True**이면 **B**로 가고 **True**가 아니면,
그러니까 **False**이면 흐름이 종료되는 구조입니다.

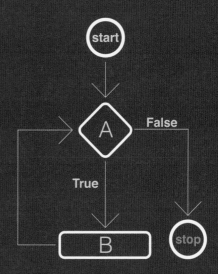

The Honey Tips for Coding and Computational Thinking

The Very Basics Of Python

● Read a chapter, then do interactive exercises to make your Python knowledge stick.

● The Ultimate Beginners' Guide for Coding with Python

2. Statements
while Statement 4-2 : while else, break

2. Statements
while Statement 4-2 :
while else, break

: 'while else 반복문'의 조건과 중지

while Statement [와일 스테이트먼트]에도
else [엘스 : 그렇지 않으면]를 붙일 수 있습니다.

그러니까 '조건을 충족시킬 때까지 반복하고
그렇지 않으면 ~해라!'가 되는 것입니다.
True [트루 : 참]인 상황 하에서는 계속 반복을 하다가
그렇지 않으면 다른 행동을 취하는 것입니다.

while else Statement의 기본적인 형식은 다음과 같습니다.

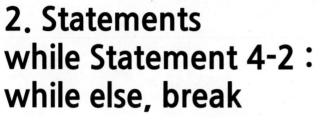

```
>>> while a :
...     print ( )
... else :
...     print ( )
```

while 스테이트먼트 4-2

: while Statement에도 else를 사용할 수 있습니다.

while Statement 끝에 **else :** 를 붙이고 **print ( )** 하면 됩니다.
: Colon [콜런 : 쌍점]으로 마무리하며, 그리고 **else**는 **while**과 줄을 맞추고,
이어지는 각각의 **print ( )**는 **Indentation** [인덴테이션 : 들여 쓰기] 합니다.
그래서 '조건을 충족시킬 때까지 **print** 하고,
그렇지 않으면 ~라고 **print** 해라!'라는 뜻이 됩니다.

S2-4-2-01

```
>>> a = 1
>>> while a < 5 :
...     print (a)
...     a += 1
... else :
...     print ('No')
...
1
2
3
4
No
```

다음은 **break** [브레이크 : 중단]입니다.
while Statement를 진행하는 도중에 중단해야 할 경우에 사용하는 방법입니다.

break의 사용법을 살펴보겠습니다.
while Statement를 **5**보다 작을 때까지 실행합니다.

● The Honey Tips for Coding and Computational Thinking   ● The Very Basics Of Python

● Read a chapter, then do interactive exercises to make your Python knowledge stick.

● The Ultimate Beginners' Guide for Coding with Python

2. Statements
while Statement 4-2 : while else, break

S2-4-2-02

```
>>> a = 1
>>> while a < 5 :
...    print (a)
...    a += 1
...
1
2
3
4
```

그런데 도중에 **3**에서 멈추고 싶다면, **if Statement**를 추가적으로 삽입합니다.
while Statement에 종속되는 상황이기 때문에
if Statement는 다음 행에 **Indentation** [**인덴테이션 : 들여 쓰기**] 합니다.
그리고 그 다음 행에 **break**를 아래와 같이 삽입하면 됩니다.

S2-4-2-03

```
>>> a = 1
>>> while a < 5 :
...    if a == 3 :
...        break
...    print (a)
...    a += 1
...
1
2
```

이때 주의할 점은 **if Statement**와 **break**를
각각 차등적으로 **Indentation** 해야 합니다.

318　Learn Python well and fast with the compact
beginners' guide on Python programing.
■　Python Tutorial for Absolute Beginners

● Read a chapter, then do interactive exercises to make your Python knowledge stick.

while 스테이트먼트 4-2

: while Statement에도 else를 사용할 수 있습니다.

4-2

 Coding Drill (코딩훈련 1.)

num = 0이라고 하고, **while Statement**로 **num**이 **3**보다 작을 때까지
num을 **print ( )** 합시다! 그렇지 않으면 **else**로 **'is not less than 3'**이라고
print ( ) 해봅시다! 그리고 **num += 1**로 **num**을 1씩 더해나갑니다.

S2-4-2-d1

```
>>> num = 0
>>> while num < 3:
...    print (num)
...    num += 1
... else :
...    print (num, ' is not less than 3')
...
0
1
2
3  is not less than 3
```

 Coding Drill (코딩훈련 2.)

countdown = 3이라고 하고, **while Statement**로 **countdown**이 **0**보다
클 때까지 반복해서 **Wait!**를 **print ( )** 합니다. 그렇지 않으면 **else**로 **Fire!**라고
print ( ) 합니다. **num -= 1**로 **countdown**을 1씩 빼나갑니다.

● Read a chapter, then do interactive exercises to make your Python knowledge stick.

● The Ultimate Beginners' Guide for Coding with Python

2. Statements
while Statement 4-2 : while else, break

S2-4-2-d2

```
>>> countdown = 3
>>> while countdown > 0:
...    print ('Wait!')
...    countdown -= 1
... else:
...    print ('Fire!')
...
Wait!
Wait!
Wait!
Fire!
```

😎 Coding Drill (코딩훈련 3.)

a = 1이라고 하고, **while Statement**로 a가 5보다 작을 때까지 **a**를 반복합니다.
그런데 중간에 **if a == 3 :**이 되면 **break** 하고, **a**를 **print ( )** 합니다.
그리고 **a += 1**로 1씩 더해나갑니다.

S2-4-2-d3

```
>>> a = 1
>>> while a < 5 :
...    if a == 3 :
...         break
...    print (a)
...    a += 1
...
1
2
```

while 스테이트먼트 4-2

: while Statement에도 else를 사용할 수 있습니다.

 ## Coding Drill （코딩훈련 4.）

a = 5라고 하고, **while Statement**로 a가 **0**보다 클 때까지 **a**를 반복합니다.
그런데 중간에 **if a == 2 :**가 되면 **break** 하고, **a**를 **print ( )** 합니다.
그리고 **a -= 1**로 **1**씩 빼나갑니다.

S2-4-2-d4

```
>>> a = 5
>>> while a > 0 :
...    if a == 2 :
...        break
...    print (a)
...    a -= 1
5
4
3
```

Coding Drill （코딩훈련 5.）

a = 1이라고 하고, **while Statement**로 a가 **5**보다 작을 때까지 **a**를 반복합니다.
그런데 중간에 **if a == 3 :**이 되면 **break** 하고, **a**를 **print ( )** 합니다.
그리고 **a += 1**로 **1**씩 더해나갑니다.

S2-4-2-d5

```
>>> a = 1
>>> while a < 5 :
...    if a == 3 :
...        break
...    print (a)
...    a += 1
...
1
2
```

● The Honey Tips for Coding and Computational Thinking

● The Very Basics Of Python

● We can learn complete primary skills of Python fast and fun.

Build Up
Section

Build Up Section

Build Up Section은 우리가 지금까지 배운 내용을
좀 더 강화하는 코너입니다.

Build Up Section을 통과하면
우리는 **Python** 기초역량을 장착하게 되고,
기초적인 **Program [프로그램]**의
Programing [프로그래밍]이 가능해집니다.

우리가 이번에 만나게 될 **Build Up Section**의 내용을
보다 더 심화하고 보다 더 긴 **Coding [코딩]**으로 이어간다면
명실상부 중급 **Python**으로의 진입이
성공했다고 볼 수 있습니다.

자, 그러면 일단 들어가 봅시다!

● Read a chapter, then do interactive exercises to make your Python knowledge stick.

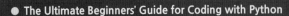

● The Ultimate Beginners' Guide for Coding with Python

Build Up Section
1. class

Build Up Section
1. class

: 클래스

class [클래스 : 종류/부류]는 Python에서 가장 중요한 개념 중에 하나입니다.
그도 그럴 것이 지금까지 우리가 배운 내용들이
단수의 기능(펑션이나 메쏘드 등)을 다루고 있다면,
class는 여러 가지 자료형에 복수의 기능을 한꺼번에 다룬다는 점에서
Python 학습에 있어서 일종의 '종합선물세트'라고 할 수 있습니다.

class는 유사한 내용을 그룹으로 묶어 놓은 것을 말합니다.
우리가 어떤 제품을 조립생산한다면,
class는 전체 제품에서 중요한 역할을 하는 '부품 덩어리'입니다.
각각의 기능을 담당하는 부품 덩어리들이 모여서 제품이 완성되는 것입니다.
즉, 유사한 기능들을 한 곳에 모아서 덩어리로 만들어 놓은 것이 class입니다.

또는 한 가족을 class라고 보면, '김씨네'라는 하나의 class 안에는
가족 구성원 1, 2, 3, 4가 있고 각자의 이름/나이/직업 그리고
취미/취향/동향 등을 담을 수 있을 것입니다.

그러면 지금부터 그 복잡하다는 class를 잘게잘게 잘라서
단계별로 쉽게 설명해보겠습니다.

빌드업 섹션   1. 클래스

: class는 유사한 내용을 그룹으로 묶어 놓은 것을 말합니다.

B1

1단계 :

자! 제일 먼저 우리들 가정에 흔히 있는 '나의 애완동물' (**MyPet**)로
class를 만들어보겠습니다.
일단 이름을 정해야 합니다. **class**의 이름은 대문자로 시작해야 하며,
이름 다음에는 : [콜런 : 쌍점]으로 마무리합니다. 그리고 **pass** [패스 : 통과/끝].
이렇게 하면 세상에서 가장 간단한 **class**가 완성됩니다.
하지만 내용이 없는 '빈깡통 **class**'가 되는 것이고요.

B1-01

```
>>> class MyPet :
...     pass
```

2단계 :

이번에는 내용을 채워서 제대로 된 **class**를 만들어보겠습니다.
일단 우리 집에는 어떤 **MyPet**이 있는지,
MyPet에 어떤 **Data**를 담을 것인지 초기설정 내용을 정의합니다.
초기설정은 **MyPet**의 '종'(개/고양이/토끼)과
'이름'(콩/나비/바니)을 다루는 **class**라고 정의하겠습니다.

B1-02

```
>>> class MyPet :
...     def __init__ (self, species, name) :
...         self . species = species
...         self . name = name
...
```

자! 보시면 보라색 부분은 **class**를 만드는 공식이고,
노란색 글자는 우리가 채울 부분입니다.
다시 말하면 노란색 부분을 바꾸면 새로운 **class**가 만들어지는 것입니다.

● The Honey Tips for Coding and Computational Thinking

The Very Basics Of Python

● The Very Basics Of Python

Build Up Section
1. class

지금부터는 보라색 부분에 대한 이해를 도와드리겠습니다.
먼저 **Definition** [데피니션 : 정의]입니다.
우리가 이미 앞에서 **Function**을 **Definition** 하는 방법에서 배웠듯이
Definition의 형식은 **def** 이름 ( ) :입니다. (**Function**의 **Definition** 방법 참조)

>>> **def MyPet (a, b) :**

그런데 **class**에서는 이름 대신에 그 사이에 **__init__**가 들어가 있습니다.
__init__의 **__ __**는 **Two Underscores** [투 언더스코어스 : 2개의 언더바]라고 부르며,
Two Underscores 사이의 init은 **Initialization** [이니시얼라이제이션 : 초기치 설정]의
약자입니다. 즉, 초기설정의 생성을 위해서 들어간 것이죠.
(그래서 **__init__**와 같은 것을 **Constructor** [컨스트럭터 : 생성자]라고 부르며,
이런 방법을 특별히 **Constructor Method**라고 부릅니다.
Python에서 매우 유용한 처리방법 중 하나입니다.)

...　　　**def __init__ (self, species, name) :**

( ) 안에는 '초기설정할 것들'을 넣는데 이들을
Parameter [퍼래미터 : 두 개 이상의 여러 가지 값으로 변할 수 있는 요소]라고 하며,
이때 **Parameter**는 반드시 **self** [셀프]로 시작해야 합니다
self는 **class** 자체를 의미하며, 마치 '우리(클래스)의'라는 뜻으로 이해하면 됩니다.
그리고 각각의 **Parameter**를 나열하고, **:** [콜런 : 쌍점]으로 마무리합니다.

그후 **self . species = species, self . name = name**처럼 다시 정리하는데
이는 현재의 **class** 안에서 적용된다는 것을 확인하는 과정입니다.
(그런데 보시면 형태가 '닷 메써드'를 닮았습니다.
그래서 이것을 **init Method**라고 부르기도 합니다.)

● Read a chapter, then do interactive exercises to make your Python knowledge stick.

빌드업 섹션   1. 클래스
: class는 유사한 내용을 그룹으로 묶어 놓은 것을 말합니다.

B1

자! 다 됐습니다. 이제부터는 **MyPet**의 구체적인 내용을
다음과 같이 정리하면 끝입니다.

B1-03

```
>>> p1 = MyPet ('Dog', 'Kong')
>>> p2 = MyPet ('Cat', 'Navi')
```

이때 **Object** [업젝트 : 객체] **p1**과 **p2**는 각각 **MyPet**의 **Instance** [인스턴스 : 사례/표본]라고
하고, **species**와 **name**은 **Instance Variable** [인스턴스 베리어블 : 인스턴스 변수]이 됩니다.
class와 **Instance**는 '바늘과 실처럼 밀접한 관계라고 할 수 있습니다.
그러면 다음과 같은 **MyPet**이라는 **class**가 완성됩니다.

B1-04

```
>>> class MyPet :
...   def __init__ (self, species, name) :
...        self . species = species
...        self . name = name
...
>>> p1 = MyPet ('Dog', 'Kong')
>>> p2 = MyPet ('Cat', 'Navi')
>>> p3 = MyPet ('Rabbit', 'Bunny')
```

MyPet이라는 **class**가 제대로 만들어졌는지 **print ( )**로 확인해보겠습니다.

B1-05

```
>>> print (p1 . species)
>>> print (p2 . name)
>>> print ("My {}'s name is {}." .
format (p3 . species, p3 . name))
```

● Read a chapter, then do interactive exercises to make your Python knowledge stick.

● The Ultimate Beginners' Guide for Coding with Python

Build Up Section
1. class

그러면 다음과 같은 각각의 완성적인 결과가 나옵니다.

```
Dog
Navi
My Rabbit's name is Bunny.
```

3단계 :
자! 다음 단계는 **class**의 활용입니다.
2단계가 '기본형'이었다면 3단계는 '응용 및 확장형'입니다.
우리의 생각과 필요가 다양한 방식으로 반영될 수 있는 단계입니다.
다음은 2단계의 기본형을 '우리반'이라는 **class**로 다시 만들었습니다.

B1-06

```
>>> class Uriban :
...     def __init__ (self, name, home) :
...             self. name = name
...             self. home = home
...
>>> student1 = Uriban ('Son Jin', 'Busan')
>>> student2 = Uriban ('Kim Min', 'Jeju')
>>> student3 = Uriban ('Seo Ianne', 'Seoul')
>>> student4 = Uriban ('Jang Jun', 'Suwon')

>>> print (student1 . home)
>>> print (student2 . name)
```

● We can learn **complete primary skills** of **Python fast** and **fun.**

● Python Tutorial for Absolute Beginners

● Read a chapter, then do interactive exercises to make your Python knowledge stick.

빌드업 섹션　　1. 클래스
: **class**는 유사한 내용을 그룹으로 묶어 놓은 것을 말합니다.

그러면 다음과 같은 각각의 결과가 나옵니다.

```
Busan
Kim Min
```

반복적으로 사용하는 문장을 **def __str__ (self) :**으로 정의하여
간편하게 사용할 수 있습니다. **__str__**는 **__init__**처럼
Two Underscores [투 언더스코어스 : 2개의 언더바]로 된
Constructor [컨스트럭터 : 생성자]입니다. 그리고 '누구는 어디 출신입니다.'라는
String [스트링 : 문자열]을 **return** 하는데, **. format ( )** [닷 포맷 메써드]를 사용합니다.

B1-07

```
>>> class Uriban :
...   def __init__ (self, name, home) :
...        self. name = name
...        self. home = home
...   def __str__ (self) :
...        return '{} is from {}.' .
format (self. name, self. home)
...
>>> student1 = Uriban ('Son Jin', 'Busan')
>>> student2 = Uriban ('Kim Min', 'Jeju')
>>> student3 = Uriban ('Seo Ianne', 'Seoul')
>>> student4 = Uriban ('Jang Jun', 'Suwon')

>>> print (student3)
>>> print (student4)
```

● The Honey Tips for Coding and Computational Thinking

● The Very Basics Of Python

● Read a chapter, then do interactive exercises to make your Python knowledge stick.

● The Ultimate Beginners' Guide for Coding with Python

Build Up Section
1. class

그러면 다음과 같은 완성된 문장으로 각각의 결과가 나옵니다.

```
Seo Ianne is from Seoul.
Jang Jun is from Suwon.
```

부모의 유산을 자식이 상속할 수 있는 것처럼 **class**도 상속받아서 사용할 수 있습니다.
이를 **Inheritance** [인헤리턴스 : 상속/유산]라고 합니다.
한 클래스가 다른 클래스를 상속받으면
자동으로 상위 클래스의 모든 특성과 메서드를 그대로 사용할 수 있습니다.
예를 들어 '부모 **class**'의 속성과 메서드를 '자식 **class**'가 그대로 도입할 수 있으며,
더 나아가서 '자식 **class**'가 '부모 **class**'의 속성과 메서드를 재정의할 수도 있습니다.

상속받는 방법은 간단합니다.
새롭게 **class**를 정의할 때 **( )** 괄호 안에 부모 **class**의 이름을 포함시키면 됩니다.
ParentMath [패어런트메쓰 : 부모수학] **class**를 만들고
ChildMath [차일드 메쓰 : 자식수학] **class**로 상속받아보겠습니다.
수식을 **class**로 정의하는 것은 간단한 방식으로 진행됩니다.

B1-08

```
>>> class ParentMath :
...   def addition (self, x, y) :
...        self . result = x + y
...   def display (self) :
...        print (self . result)
...
>>> a = ParentMath ()
>>> a . addition (5, 5)
>>> a . display ()
```

● Read a chapter, then do interactive exercises to make your Python knowledge stick.

빌드업 섹션　　1. 클래스

B1

: **class**는 유사한 내용을 그룹으로 묶어 놓은 것을 말합니다.

B1-09

```
>>> class ChildMath (ParentMath) :
...   def subtraction (self, z) :
...        self . result -= z
>>> b = ChildMath ()
>>> b . addition (7, 7)
>>> b . subtraction (4)
>>> b . display ()
```

먼저 **ParentMath class**로 '덧셈'을 수행하는 수식을 선언합니다.
x, y 값을 넣으면 **x + y**가 실행되고, 결과값이 나오도록 합니다.

다음은 **ChildMath** [차일드 메쓰 : 자식수학] **class**를 만드는데,
내용은 **ParentMath**라고 정합니다.

그리고 '뺄셈'을 수행하는 수식을 선언합니다.
그렇게 하고 **ChildMath**를 실행하면 **ParentMath** (덧셈)와 함께
ChildMath (뺄셈)가 실행됩니다.

● The Honey Tips for Coding and Computational Thinking

● The Very Basics Of Python

● EASY
Learn How to Code Step by Step!

● SMART
Learn Python with the Compact Guide!

● QUICK
Learn Python in Short Way Ever!

● The Ultimate Beginners' Guide for Coding with Python

아! 잠깐만yo!
think like programer

class = 클래스 (학급)

여기 어떤 중학교 3학년의 한 클래스가 있습니다.
다음을 생각할 수 있을 것입니다.
클래스를 나타내는 이름이 있을 것입니다. (예 : 3학년 7반, 민사고반, 예체능 특기반 등)
클래스를 구성하는 학생들이 있을 것입니다. (학생1, 서이안, 체육특기자 등)
각각의 학생들은 학번이 있고, 개인정보가 있을 것입니다.
(번호, 가족관계, 신체 정보, 거주지 등)
학급의 특성에 따라 특별히 수강해야 할 특별 과목들이 있을 것입니다.
(성교육, 생활체육, 창의수학 등)
각 과목의 성적 기록 관리가 아울러 필요할 것입니다. (국어 : 80, 영어 : 70, 수학 : 60)
학급에는 정원이 있고, 전출/전입에 따른 전학생이 있고,
출석/결석생에 대한 정보가 매일 같이 체크될 것입니다.

이런 다양한 정보를 **class**로 관리할 수 있습니다.
다양한 자료타입(**Number** [넘버 : 숫자] - 학번, **String** [스트링 : 문자열] - 이름,
List [리스트 : 색인] - 수강과목, **Tuple** [튜플] - 과목별 성적,
Dictionary [딕셔너리 : 사전] - 가족관계 등)의 정보를 **class**로 정리하는 것입니다.

이렇게 학생들 각각의 다양한 활동을 수집 정리할 수 있고,
한 반, 한 학년, 한 학교 단위로 방대한 정보를
관리할 수 있는 것이 바로 **class**입니다.

class를 사용하는 우리의 자세는 '이런 **class**는 어떠한 동작들이 더 가능할까?'라는
생각을 계속 이어가는 것, **class**로 생각을 늘려가는 것이 필요합니다.
class의 무엇보다도 가장 강력한 매력은
다양한 상황에 대해 효율적으로 **Coding** 할 수 있다는 것입니다.
그래서 **class**는 우리가 지으려는 건물의 '설계도'와 같습니다.

Coding tells stories.
Learn coding;
get the code of
your life.

Class defines the behavior of an object and
can store the information of an object.

Class [클래스]는 Object [오브젝트 : 대상]의 동작을 정의하고,
Object의 정보를 저장할 수 있습니다.

● EASY
Learn How to Code Step by Step!

● SMART
Learn Python with the Compact Guide!

● QUICK
Learn Python in Short Way Ever!

● The Ultimate Beginners' Guide for Coding with Python

아! 잠깐만yo!
think like programer

CamelCase

CamelCase [카멜케이스 : 낙타대문자]란
단어의 중간에 띄어쓰기를 하거나 두 단어를 연결할 때,
두 번째 단어의 첫글자를 대문자로 쓰는 방법을 말합니다.

마치 중간중간 불쑥 솟아오른 쌍봉낙타의 등을 닮았다는
비유에서 나온 표현입니다.
원래는 **PascalCase [파스칼케이스 : 파스칼 표기법]**라고 하여
여러 단어를 붙여서 한 단어로 표기할 때,
각 단어의 첫 문자를 대문자로 쓰는
표기법에서 유래한 표현입니다.

우리가 일상에서 만날 수 있는 대표적인 **CamelCase**로는
eBay, **FedEx**, **iPhone** 등의 상호/상품들이 있습니다.

Python에서 **class [클래스]**의 이름은
반드시 대문자로 시작해야 합니다.
그리고 두 단어 이상의 이름의 경우,
띄어서 쓰기보다는 **CamelCase**로 쓰는 것이
오류 또는 가독성 관점에서 선호됩니다.

● EASY
Learn How to Code Step by Step!

● SMART
Learn Python with the Compact Guide!

● QUICK
Learn Python in Short Way Ever!

● The Ultimate Beginners' Guide for Coding with Python

아! 잠깐만yo!
think like programer

snake_case

snake_case [스네이크_케이스 : 뱀문자]란
단어 중간에 띄어쓰기를 _ Underscore [언더스코어 : 밑줄]로
표기하는 것을 말합니다.

마치 뱀이 바닥에 배를 대고 있는 형상에서 비유된 표기법입니다.
일반적으로 **Programing Language**
[프로그래밍 랭귀지 : 프로그래밍 언어]에서는
변수명이나 함수명, 또는 파일명을 표기할 때
snake_case를 사용합니다.

실제 연구 결과에 따르면
CamelCase [카멜케이스 : 낙타대문자]보다
snake_case가 가독성이 높아
보다 눈에 더 잘 들어온다고 합니다.

CamelCase
snake_case

● The Honey Tips for Coding and Computational Thinking

● The Very Basics Of Python

● Read a chapter, then do interactive exercises to make your Python knowledge stick.

● The Ultimate Beginners' Guide for Coding with Python
**Build Up Section
2. Module, import**

Build Up Section
2. Module, import

: 모듈, 임포트

Module [모듈/마줄 : 조립 부품]은 특정 기능을 가지고 있는
교환 가능한 요소를 말합니다. 다르게 말하면 어떤
Function [펑션 : 기능/함수]들을 묶어 놓은 것이고, '탈부착'할 수 있는 것입니다.
Module은 우리의 **Coding**을 수월하게 도와주는
Add-on Function [에드-온 펑션 : 부가 기능/함수]이고,
일종의 **Extension** [익스텐션 : 확장(체)]입니다.

Module은 하나의 파일입니다.
파일이기 때문에 남이 만든 것들을 불러와 쓸 수 있고,
내가 만들어서 모두와 공유할 수도 있습니다.
Module은 우리가 어떤 제품을 만든다고 했을 때,
사용할 수 있는 각각의 조립용 부품이라고 생각하면 됩니다.

Python의 **Module**은 확장자명이 **.py** [닷 피와이]인 파일입니다.
Module의 '이름'이 곧 '파일의 이름'이 됩니다.
Module의 이름을 보면 어떤 기능을 하는 **Module**인지 짐작할 수 있습니다.

Python 안에는 이미 엄청나게 많은 유용한 **Module**들이 탑재되어 있습니다.
Python Standard Library에 들어있기 때문에 그저 불러오기만 하면 됩니다.
모듈을 불러오려면 **import Command** [임포트 커멘드 : 이입/도입 명령]를 사용하면 됩니다.

● Read a chapter, then do interactive exercises to make your Python knowledge stick.

빌드업 섹션　　2. 모듈, 임포트
: Module은 특정 기능을 가지고 있는 교환 가능한 요소를 말합니다.

Module의 효용을 보여주는 가장 간단한 예가 있습니다.
datetime [데이트타임 : 시간] **Module**을 **import** 하면
현재 시간을 확인할 수 있습니다.
now = datetime. datetime . now ( )라고 하고
print (now) 하면 됩니다.
그러면 소수점 초단위까지의 현재 시간을 확인할 수 있습니다.

B2-01

```
>>> import datetime
>>> now = datetime. datetime . now ()
>>> print (now)
2018-08-08 11:34:26.928816
```

Module의 효용을 보여주는 훌륭한 예가 또 있습니다.
calendar [캘린더 : 달력] **Module**을 **import** 하면 우리가 원하는
년도의 달력을 볼 수 있습니다. **yy =**에 원하는 **Year** [이어 : 년]를
mm =에 원하는 **Month** [먼스 : 월]를 입력하고
print (calendar . month (yy, mm))이라고 하면 됩니다.

B2-02

```
>>> import calendar
>>> yy = 2020
>>> mm = 2
>>> print (calendar . month (yy, mm))
```

그러면 **calendar Module** 내부의 **Built-in Function** [빌트-인 펑션 : 내장 함수]
month ( )가 해당 월의 **calendar**를 표시합니다. 다음과 같이 말입니다.

● The Honey Tips for Coding and Computational Thinking

● The Very Basics Of Python

● The Ultimate Beginners' Guide for Coding with Python

Build Up Section
2. Module, import

```
     February 2020
Mo    Tu    We    Th    Fr    Sa    Su
                               1     2
3     4     5     6     7     8     9
10    11    12    13    14    15    16
17    18    19    20    21    22    23
24    25    26    27    28    29
```

자! 그러면 이번에는 우리가 수학시간에 배웠던 '제곱근'을 예로 들어보겠습니다.
일단 **Python**에는 수학의 갖가지 공식들이 모듈로 만들어져 있습니다.
우리가 사용하는 모든 어려운 수학공식은 이미 다 들어있다고 봐도 됩니다.
'제곱근'을 사용하려면 먼저 **math** [메스 : 수학] **Module**을 불러옵니다.
그리고 그 **Module** 안에서 어떤 기능을 사용할 것인지를 정하고, 값을 물어보면 됩니다.
우리가 사용하려는 제곱근은 영어로 **Square Root** [스퀘어 루트 : 제곱근]이고
약자로는 **sqrt**라고 씁니다. 그러면 **16**의 제곱근을 구해보겠습니다.

B2-03

```
>>> import math
>>> math . sqrt (16)
4.0
```

math . sqrt (16) [메스 닷 스퀘어 루트 펑션] 즉,
math에서 **sqrt** 기능을 사용하여 **16**의 값을 구하는 과정입니다.

보다 간단하고 직접적인 방법을 사용할 수도 있습니다.
좀 더 정확하게 지정하는 방식입니다.
원리는 '**math Module**로부터 **sqrt Function**'을 직접 불러오는 것입니다.
모듈 안에 있는 특정 펑션을 딱 꼬집어 불러내는 방식입니다.

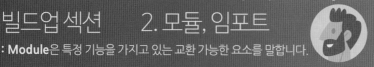

빌드업 섹션　2. 모듈, 임포트

: Module은 특정 기능을 가지고 있는 교환 가능한 요소를 말합니다.

B2-04

```
>>> from math import sqrt
>>> sqrt (16)
4.0
```

B2-05

```
>>> from math import *
>>> sqrt (16)
4.0
```

그리고 위와 같이 구체적인 이름 대신에 **＊ Star/All [스타/올 : 별표시]**을 하면
math라는 **Module** 모두/전체를 불러오는 것이 됩니다.
Python에 어떤 **Module**들이 내장되어 있는지 보고 싶으면
Python 폴더로 가서 그 안에 있는 **Lib** 폴더를 열어보면 확인이 가능합니다.
Lib 폴더는 각종 **Module**이 들어있는 '창고'입니다.

이번에는 여러모로 쓸모 많은 **random [랜덤 : 무작위] Module**을
import 해보겠습니다.
random Module은 무작위로 요소를 뽑아내는 기능입니다.

B2-06

```
>>> import random
>>> num = random . randint (1, 10)
>>> print (num)
5
```

random Module을 **import** 하여 매번 다른 숫자를 무작위로 추출해보겠습니다.
num = random . randint (1, 10)은 '숫자는 랜덤으로,
1에서 **10** 사이의 랜덤정수'라는 뜻입니다.
그리고 숫자를 **print ( )** 하면 임의의 숫자가 매번 무작위로 나옵니다.

● **The Honey Tips** for **Coding** and **Computational Thinking**

● The Very Basics Of Python

● The Ultimate Beginners' Guide for Coding with Python

Build Up Section
2. Module, import

이번에는 '할 일들'을 **List [리스트 : 목록/리스트]**로 만들고 무작위로 뽑아보겠습니다.
앞과 다른 점은 **List** 중에 하나를 선택하는 것이기 때문에
choice ( ) [초이스 : 선택] Function을 사용한다는 것입니다.
그래서 **doit = random. choice (whatDo)**가 되는 것이고,
doit을 **print ( )** 하면 임의의 할 일이 매번 무작위로 나옵니다.

B2-07

```
>>> import random
>>> whatDo = ['Washing', 'Cleaning', 'Shopping', 'Sleeping']
>>> doit = random. choice (whatDo)
>>> print (doit)
Sleeping
```

choice를 여러 개 할 때는 **k = ?**를 사용하면 됩니다.
2개씩 선택하려면 **k = 2**라고 하는 식입니다.

B2-08

```
>>> import random
>>> whatDo = ['Washing', 'Cleaning', 'Shopping', 'Sleeping']
>>> doit = random. choices (whatDo, k = 2)
>>> print (doit)
['Washing', 'Sleeping']
```

숫자의 경우는 **range (x, y) [레인지 : 범위] Function**을 사용하여
범위를 지정해주면 됩니다. **x**는 시작점이고, **y**는 **y-1**까지를 의미합니다.

● Read a chapter, then do interactive exercises to make your Python knowledge stick.

빌드업 섹션　　2. 모듈, 임포트

: Module은 특정 기능을 가지고 있는 교환 가능한 요소를 말합니다.

그래서 **num = random. sample (nums, k)**라고 하면
sample ( ) [샘플 : 샘플] Function을 사용하여 **k**개의 샘플을 추출합니다.
그리고 **num**을 **print ( )** 하면 범위 내의 **k**개의 임의 숫자가 매번 무작위로 나옵니다.

B2-09

```
>>> import random
>>> nums = list (range (1, 100))
>>> num = random. sample (nums, 5)
>>> print (num)
[59, 24, 4, 61, 54]
```

● **The Honey Tips** for **Coding** and **Computational Thinking**

● **The Very Basics Of Python**

● EASY
Learn How to Code Step by Step!

● SMART
Learn Python with the Compact Guide!

● QUICK
Learn Python in Short Way Ever!

● The Ultimate Beginners' Guide for Coding with Python

아! 잠깐만yo!
think like programer

Comments

Coding [코딩]할 때 **Code** [코드] 중간에
'주석이나 메모, 주의사항, 알림' 등을 삽입할 수 있습니다.
예를 들어 '아래 코드 블럭은 지우지 마세요!'라는
말을 집어넣을 수 있다는 것입니다.

이렇게 하는 것을 **Comments** [커멘츠 : 주석, 쉽게 풀어쓴 글]라고 하며,
[헤시/파운드 사인]를 표시하고 그 다음에 입력하면 됩니다.
#는 **Hash** [헤시] 또는 **Pound Sign** [파운드 사인]이라고 부릅니다.
#로 처리된 부분은 **Python**이 **Code**로 인식하지 않습니다.

```
# This is a comment.
```

여러 줄의 **Comments**의 경우 매번 **#**로 시작하면 됩니다.

```
# This is a comment.
# This is another comment.
```

Comments는 **Code**를 읽게 될 누군가에게 꼭 필요한 설명이 되기 때문에
즐겨 사용하는 매우 유용한 기능입니다.

● We can learn complete primary skills of Python fast and fun.

● Python Tutorial for Absolute Beginners

Be the reason someone smiles today.

Modules are extensions to the standard set of functionality.

Modul [모듈]은 Function [펑션]을 모아 표준화한 확장자입니다.

Read a chapter, then do interactive exercises to make your Python knowledge stick.

The Ultimate Beginners' Guide for Coding with Python
Build Up Section
3. input

Build Up Section
3. input

: 인풋

학습자 여러분 축하드립니다.
여러분께서는 현재 **Python**의 가장 중요한 기초공사를 끝내셨습니다.
우리가 배운 내용만으로 **Python Coding**이 가능한 지점에 도달했습니다.
본격적인 **Coding, Software Program**을 만들 수 있는 마지막 단계인
User input [유저 인풋 : 사용자 입력]으로 학습을 마무리하겠습니다.

User input이란 컴퓨터와 사람(사용자) 간의 대화 모드입니다.
컴퓨터가 '아이디'나 '패스워드' 등을 요구하면 우리가 직접 입력을 하는데
이를 **User input**이라고 합니다.

지금까지 우리가 컴퓨터를 상대했다면
이제부터는 우리가 컴퓨터가 되어 다른 '사람 **User**'를 상대하는 것입니다.

User input은 **input ( ) Function** [인풋 펑션 : 입력 기능/함수]을 사용하여 만듭니다.

B3-01

```
>>> x = input ('What is your name? : ')
>>> print ('Hi', x)
```

● Read a chapter, then do interactive exercises to make your Python knowledge stick.

빌드업 섹션　　3. 인풋

: **User input**은 컴퓨터와 사람(사용자) 간의 대화 모드입니다.

input ( )은 괄호 안에 **User**가 직접 입력하는 부분입니다.
input ('What is your name? : ')처럼 **: Colon** [콜런 : 쌍점]
다음의 **Space** [스페이스 : 공백]가 **User**가 실제로 입력하는 위치입니다.
우리가 묻고, **User**가 답하는 대화의 '연결고리' 부분입니다.

자! 이제부터 우리는 실제로 미니 소프트웨어를 만들고
곧바로 작동해 볼 것이기 때문에 **Repl.it** [레플릿] 사이트를 이용하여
실시간으로 입력 실습을 하겠습니다.

그러면 여러분의 웹브라우저를 띄우고,
Repl.it 사이트 **https://repl.it**으로 가서 '**Sign up**'을 합니다.

지금까지는 ❶번 cmd 창이나 ❷번 **Editor** 창 어디에서나
입력해도 상관 없었지만 이제부터는 ❷번 **Editor** 창에 입력하고
상단의 **run** [런 : 실행] 버튼을 클릭하여 진행상태를
확인하는 방식으로 연습하겠습니다.

● The Honey Tips for Coding and Computational Thinking

● The Very Basics Of Python

● The Ultimate Beginners' Guide for Coding with Python

Build Up Section
3. input

그러면 먼저 '**User**의 이름'을 확인하는 **Code**를 실행해 보겠습니다.
우리가 '**Enter your name : '**이라고 물으면 **User**가 답을 하게 되고,
다음은 '**Your name is', name**으로 확인시켜 줍니다.

B3-02

```
>>> name = input ('Enter your name : ')
>>> print ('Your name is', name)
```

B3-03

```
>>> name = input ('Enter your name : ')
>>> print ('Your name is ' + name)
```

, Comma로 연결하면 띄어쓰기가 자동으로 됩니다.

다음은 '**User**의 번호'를 확인하는 **Code**를 실행해 보겠습니다.
이때 번호는 '숫자'이기 때문에 숫자의 종류 중 하나를 지정해주어야 합니다.
Integer [인티저 : 정수]일 경우에는 **int ( ) Function**을,
Float [플로우트 : 실수]일 경우에는 **float ( ) Function**을 먼저 쓰고,
input ( ) Function을 진행합니다.

B3-04

```
>>> print ('Hello, there!')
>>> number = int (input ('Enter your number : '))
>>> print ('Your number is', number)
```

B3-05

```
>>> print ('Hello, there!')
>>> number = float (input ('Enter your number : '))
>>> print ('Your number is', number)
```

● Read a chapter, then do interactive exercises to make your Python knowledge stick.

빌드업 섹션　　3. 인풋

B3

: **User input**은 컴퓨터와 사람(사용자) 간의 대화 모드입니다.

다음은 '**User**가 좋아하는 숫자'를 출력하는 **Code**를 실행해 보겠습니다.

B3-06

```
>>> name = input ('Enter your name : ')
>>> number = int (input ('Enter your favorite number : '))
>>> print ('Hello, ', name, '.',
'Your favorite number is ', number, '.')
```

그러면 이제 우리는 **User**의 **ID**와 **PW**를 요구하고, 이를 확인해 줄 수 있습니다.
인사를 하고, **ID**를 요구하고, **PW**를 요구할 때는 **int ( )**를 추가합니다.
그리고 '당신의 **ID**는 ~입니다.'라고 **print ( )** 하고,
'당신의 **PW**는 ~입니다.'라고 **print ( )** 하면 됩니다.

B3-07

```
>>> print ('Hi, there!')
>>> ID = input ('Enter your ID : ')
>>> PW = int (input ('Enter your PW : '))
>>> print ('Your ID is', ID)
>>> print ('Your PW is', PW)
```

다음은 덧셈(뺄셈) 계산기의 원리를 이해할 수 있는 **Code**를 실행해 보겠습니다.
User가 임의로 입력한 두 개의 숫자를 더하는 계산기입니다.
먼저 첫 번째 숫자를 **User**에게 요청합니다.
숫자는 **int ( )**로 제한합니다. 그리고 두 번째 숫자를 요청합니다.
그리고 숫자 **1**과 숫자 **2**를 더하고, 그 **sum [썸 : 합]**을 출력합니다.
'합계는 ~입니다.'라고 **print ( )** 하면 됩니다.

● The Honey Tips for Coding and Computational Thinking

● The Very Basics Of Python

● The Ultimate Beginners' Guide for Coding with Python

Build Up Section
3. input

B3-08

```
>>> print ('Please enter a number : ')
>>> num1 = int (input ())
>>> print ('Please enter another number : ')
>>> num2 = int (input ())
>>> sum = (num1 + num2)
>>> print ('The sum is', sum,'.')
```

다음은 곱셈(나눗셈) 계산기의 원리를 이해할 수 있는 **Code**를 실행해 보겠습니다.
User가 임의로 입력한 두 개의 숫자를 곱하는 계산기입니다.
마찬가지로 두 개의 숫자를 요청하고 숫자 **1**과 숫자 **2**를 곱하여 **mul**을 출력합니다.
'곱은 ~입니다.'라고 **print ( )** 하면 됩니다.

B3-09

```
>>> print ('Please enter a number : ')
>>> num1 = int ( input ())
>>> print ('Please enter another number : ')
>>> num2 = int ( input ())
>>> mul = (num1 * num2)
>>> print ('The mul is', mul,'.')
```

● EASY
Learn How to Code Step by Step!

● SMART
Learn Python with the Compact Guide!

● QUICK
Learn Python in Short Way Ever!

● The Ultimate Beginners' Guide for Coding with Python

아! 잠깐만yo!
think like programer

Python vs English

PYTHON

한번 가정해봅시다!
영어를 얼마만큼 배우면 영어로 밥을 먹고 살 수 있을까요?
여러 가지 경쟁적인 변수가 있을 테지만 영어,
아무것도 안하고 5년을 배워도 녹록치 않을 것입니다.

반대로 **Python**을 5년 배웠다면 어떤 상황일까요?
Python으로 논문/책을 몇 편 썼거나,
호락호락하지 않은 연봉을 받고 있을 공산이 큽니다.
(그렇지 않다면 그건 아쉬운 개인차이고,
그동안 삽질에 전념했을 가능성이 큽니다. T_T;)

그런데 말입니다.
다행스럽게도 우리는 거의 영어로 **Python**을 배우고 있고
더 깊은 이해로 **Python**과 **Coding**의 본질을 느끼면서
전진하고 있다는 사실입니다.

우리는 지금, 이 책과 함께 하면서 우리의 경쟁력을
알차게 키워나가고 있는 것입니다.

● The Honey Tips for **Coding** and **Computational Thinking**

● The Very Basics Of **Python**

We can learn complete primary skills of Python fast and fun.

Outline

Outro
My Mini Software 18

우리가 처음부터 지금까지 배운 것만 가지고
만들 수 있는 **Python** 프로그램이 잔뜩 있습니다.

불과 10여 줄 내외로 만들 수 있는
Mini Software [미니 소프트웨어]입니다.

짧고 간단하지만 매우 중요한
우리들의 **Software 18**가지를 준비했습니다.

● Read a chapter, then do interactive exercises to make your Python knowledge stick.

● The Ultimate Beginners' Guide for Coding with Python

My Mini Software 01.
Hello Message

My Mini Software 01.
Hello Message
인사 메시지

: 가장 기본이 되는 **A : B** 형식의 간단한 대화입니다.
가입/등록 등을 할 때, 제일 처음에 만나는 인사 메시지를 만들어 봅시다!

제일 먼저 **'Hello Message'**라는
제목을 **print ( )** [프린트] 합니다.
input ( ) Function [인풋 펑션]으로
User [유저 : 사용자]의 '이름'을 묻고,
. format ( ) Method [닷 포멧 메써드]를
사용하여 공란을 채우고,
message를 **print ( )** 하는 방식입니다.

M01

```
>>> print ('Hello Message')
>>> user = input ('Hi, what is your name?')
>>> message = 'Hello, {}! How are you?' . format (user)
>>> print (message)
```

**이제 우리는 같은 방식으로 '간단한 A : B 영어회화 인사 프로그램'을
당장 만들 수 있습니다!**

● Read a chapter, then do interactive exercises to make your Python knowledge stick.

● The Ultimate Beginners' Guide for Coding with Python

My Mini Software 02.
Miles to Km Converter

My Mini Software 02.
Miles to Km Converter
마일 〉 킬로미터 변환기

: 마일을 킬로미터로 변환하는 변환기를 간단한 **Code**로 만들어 봅시다!

거리는 소수점으로도 표시되기 때문에
float ( ) Function을 사용해야 하며,
'마일 〉 킬로미터' 변환공식은
(마일 * 1.609344)입니다.

제일 먼저 **'Miles to Km Converter'**라는
제목을 **print ( )** 합니다.
input ( ) Function [인풋 펑션]으로
User [유저 : 사용자]의 '마일 숫자'를 묻고,
. format ( ) Method [닷 포멧 메써드]를 사용하여 공란을 채우고,
kilometers를 **print ( )** 하는 방식입니다.

M02

```
>>> print ('Miles to Km Converter')
>>> miles = float (input ('Please write miles : '))
>>> kilometers = (miles * 1.609344)
>>> print ('{} mi is {} km.' . format (miles, kilometers))
```

이제 우리는 같은 방식으로 '피트/야드' 등 '길이 변환기'를 당장 만들 수 있습니다!

The Honey Tips for Coding and Computational Thinking

● The Very Basics Of Python

● Read a chapter, then do interactive exercises to make your Python knowledge stick.

● The Ultimate Beginners' Guide for Coding with Python

My Mini Software 03.
Km to Miles Converter

My Mini Software 03.
Km to Miles Converter
킬로미터 〉마일 변환기

: 킬로미터를 마일로 변환하는 변환기를 간단한 **Code**로 만들어 봅시다!

거리는 소수로도 표시되기 때문에 **float ( ) Function**을 사용해야 하며,
'킬로미터 〉마일' 변환공식은 (**킬로미터 * 0.621371**)입니다.

제일 먼저 **'Km to Miles Converter'**라는 제목을 **print ( )** 합니다.
input ( ) Function [인풋 펑션]으로 **User** [유저 : 사용자]의 '킬로미터 숫자'를 묻고,
. format ( ) Method [닷 포멧 메써드]를 사용하여 공란을 채우고,
miles를 **print ( )** 하는 방식입니다.

M03

```
>>> print ('Km to Miles Converter')
>>> kilometers = float (input ('Please write kilometers : '))
>>> miles = (kilometers * 0.621371)
>>> print ('{} km is {} mi.' . format (kilometers, miles))
```

이제 우리는 같은 방식으로 파운드/킬로그램 등 '무게 변환기'를
당장 만들 수 있습니다!

 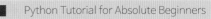

My Mini Software 04.
Fahrenheit to Celsius Converter
화씨 〉 섭씨 온도 변환기

: 화씨 온도를 섭씨 온도로 변환하는 변환기를 간단한 **Code**로 만들어 봅시다!

온도는 소수로도 표시되기 때문에
float ( ) Function을 사용해야 하며,
소수점 이하 너무 길게 표시되는 것을 막기 위해
round ( ) Function을 사용합니다.
round ( ) Function을 사용하면
소수점 첫째 자리를 반올림한 어림수를 표시합니다.
'화씨 〉 섭씨' 변환공식은 **(화씨 - 32)/1.8**입니다.

제일 먼저 **'This is Fahrenheit to Celsius.'**라는 제목을 **print ( )** 합니다.
input ( ) Function [인풋 펑션]으로 User **[유저 : 사용자]**의 '화씨 온도'를 묻고,
. format ( ) Method [닷 포멧 메써드]를 사용하여 공란을 채우고,
cel을 **print ( )** 하는 방식입니다.

M04

```
>>> print ('This is Fahrenheit to Celsius.')
>>> fah = float (input ('Please write a Fahrenheit degree. : '))
>>> cel = round ((fah - 32)/1.8)
>>> print ('The temperature in Celsius is {}.' . format (cel))
```

The Honey Tips for Coding and Computational Thinking

● The Very Basics Of Python

● Read a chapter, then do interactive exercises to make your Python knowledge stick.

● The Ultimate Beginners' Guide for Coding with Python

My Mini Software 05.
Celsius to Fahrenheit Converter

My Mini Software 05.
Celsius to Fahrenheit Converter
섭씨〉화씨 온도 변환기

: 섭씨 온도를 화씨 온도로 변환하는 변환기를
간단한 **Code**로 만들어 봅시다!

온도는 소수로도 표시되기 때문에
float ( ) Function을 사용해야 하며,
소수점 이하 너무 길게 표시되는 것을 막기 위해
round ( ) Function을 사용합니다.
round ( ) Function을 사용하면
소수점 첫째 자리를 반올림한 어림수를 표시합니다.
'섭씨〉화씨' 변환공식은 **(섭씨 * 1.8) + 32**입니다.

제일 먼저 **'This is Celsius to Fahrenheit.'**라는 제목을 **print ( )** 합니다.
input ( ) Function [인풋 펑션]으로 **User [유저 : 사용자]**의 '섭씨 온도'를 묻고,
. format ( ) Method [닷 포멧 메써드]를 사용하여 공란을 채우고,
fah를 **print ( )** 하는 방식입니다.

M05

```
>>> print ('This is Celsius to Fahrenheit.')
>>> cel = float (input ('Please write a Celsius degree. : '))
>>> fah = round ((cel * 1.8) + 32)
>>> print ('The temperature in Fahrenheit is {}.' . format (fah))
```

● Read a chapter, then do interactive exercises to make your Python knowledge stick.

● The Ultimate Beginners' Guide for Coding with Python
My Mini Software 06.
Even - Odd Number Calculator

My Mini Software 06.
Even - Odd Number Calculator
짝수 – 홀수 계산기

: 짝수인지 홀수인지를 확인하는 계산기를 간단한 **Code**로 만들어 봅시다!

Even Number [이븐 넘버 : 짝수] 또는 **Odd Number** [아드 넘버 : 홀수]를
확인하는 계산기입니다.
'자연수'이기 때문에 **int ( ) Function**을 사용하며,
if Statement [이프 스테이트먼트 : if 조건문]를 사용합니다.
Even Number는 **2**로 나누어 나머지(**%**)가 **0**이 되는 숫자입니다.
Odd Number는 **2**로 나누어 나머지(**%**)가 **1**이 되는 숫자입니다.

제일 먼저 **'Even - Odd Number Calculator'**라는 제목을 **print ( )** 합니다.
input ( ) Function [인풋 펑션]으로 **User** [유저 : 사용자]의 '숫자'를 묻고,
. format ( ) Method [닷 포멧 메써드]를 사용하여 공란을 채우고,
num을 **print ( )** 하는 방식입니다.

M06

```
>>> print ('Even - Odd Number Calculator')
>>> num = int (input ('Enter the number : '))
>>> if (num % 2) == 0 :
>>>   print ('{} is Even.'. format (num))
>>> else :
>>>   print ('{} is Odd.'. format (num))
```

The Honey Tips for Coding and Computational Thinking

● The Very Basics Of Python

● Read a chapter, then do interactive exercises to make your Python knowledge stick.

● The Ultimate Beginners' Guide for Coding with Python

My Mini Software 07.
Shoes Size Converter

My Mini Software 07.
Shoes Size Converter
미국 신발 사이즈 계산기 (여성용)

We can learn **complete primary skills** of **Python fast** and **fun.**

Python Tutorial for Absolute Beginners

: 우리와 다른 미국의 신발 사이즈를 확인하는 변환기입니다.
의류/신발 등 다양한 아이템의 사이즈 표시를 확인할 수 있습니다!

'신발 사이즈 계산기'는 **if Statement**
[이프 스테이트먼트 : if 조건문]를 사용합니다.

'숫자'로 표시되기 때문에 **int ( ) Function**을 사용합니다.

제일 먼저 **'Shoes Size Converter'**라는
제목을 **print ( )** 합니다.

input ( ) Function [인풋 펑션]으로
User [유저 : 사용자]의 '사이즈'를 묻고,
'Your US Shoes size is ' ~ '.'라는
message와 함께 미국 사이즈를
print ( ) 하는 방식입니다.

(10단위 여성 신발 사이즈 기준입니다.)

● Read a chapter, then do interactive exercises to make your Python knowledge stick.

마이 미니 소프트웨어 18

: 간단하지만 매우 중요한 18가지 Mini Software를 만듭니다!

M07

```
>>> print ('Shoes Size Converter')
>>> size = int (input ('Enter your size : '))
>>> if size == 260 :
...   print ('Your US Shoes size is ', 9, '.')
... elif size == 250 :
...   print ('Your US Shoes size is ', 8, '.')
... elif size == 240 :
...   print ('Your US Shoes size is ', 7, '.')
... elif size == 230 :
...   print ('Your US Shoes size is ', 6, '.')
... elif size == 220 :
...   print ('Your US Shoes size is ', 5, '.')
... else :
...   print ('Out of range')
```

이제 우리는 같은 방식으로 '남성 신발 사이즈/아동 신발 사이즈' 그리고
'유럽 사이즈/이탈리아 사이즈', '남성복/여성복/아동복', '상의/하의',
'재킷/치마/바지 사이즈' 계산기 등을 당장 만들 수 있습니다!

● The Honey Tips for Coding and Computational Thinking

● The Very Basics Of Python

● Read a chapter, then do interactive exercises to make your Python knowledge stick.

● The Ultimate Beginners' Guide for Coding with Python

My Mini Software 08.
Grade Calculator

My Mini Software 08.
Grade Calculator
학점 계산기

: 학점 계산기를 만들어 봅시다!

학점 계산기는 **if Statement**
[이프 스테이트먼트 : if 조건문]를 사용합니다.

A를 시작으로 **F**까지
if, elif, ... else Statement로 나열합니다.

'소수'로도 표시될 수 있기 때문에
float ( ) Function을 사용합니다.

제일 먼저 **'Grade Calculator'**라는
제목을 **print ( )** 합니다.

input ( ) Function [인풋 펑션]으로
User [유저 : 사용자]의 '점수'를 묻고,
. format ( ) Method [닷 포멧 메써드]를
사용하여 공란을 채우고,
>=로 **grade** [그레이드 : 학점] 구간을
print ( ) 하는 방식입니다.

● Read a chapter, then do interactive exercises to make your Python knowledge stick.

마이 미니 소프트웨어 18
: 간단하지만 매우 중요한 **18**가지 **Mini Software**를 만듭니다!

My Mini Software 09

M08

```
>>> print ('Grade Calculator')
>>> grade = float (input ('Enter your grade : '))
>>> if grade >= 90 :
...   print ('A')
... elif grade >= 80 :
...   print ('B')
... elif grade >= 70 :
...   print ('C')
... elif grade >= 65 :
...   print ('D')
... elif grade >= 1 :
...   print ('F')
... else :
...   print ('Seriously? T_T' )
```

이제 우리는 같은 방식으로 A-, A0, A+ 방식의 보다 세분화된 학점 계산기도
당장 만들 수 있습니다!

● The Honey Tips for Coding and Computational Thinking

● The Very Basics Of Python

● Read a chapter, then do interactive exercises to make your Python knowledge stick.

● The Ultimate Beginners' Guide for Coding with Python
My Mini Software 09.
Inch - Centimeter Converter

My Mini Software 09.
Inch - Centimeter Converter
인치 – 센치 환산기

: 인치를 센치미터로 또는 센치미터를 인치로 변환하는
변환기를 간단한 **Code**로 만들어 봅시다!

인치-센치미터 환산기는 **if Statement**
[이프 스테이트먼트 : if 조건문]를 사용합니다.
인치/센치미터는 소수점 숫자로도 표시되기 때문에
float ( ) Function을 사용합니다.
'인치 > 센치미터' 변환공식은 **(인치 * 2.5399)**이며,
'센치미터 > 인치' 변환공식은 **(센치미터 * 0.393701)**입니다.

제일 먼저 **'Inch - Centimeter Converter'**라는
제목을 **print ( )** 합니다.
그리고 1) '인치 > 센치미터', 2) '센치미터 > 인치' 중 하나를
User가 선택할 수 있도록 선택지를 제시합니다.

그리고 나서 **input ( ) Function [인풋 펑션]**으로
User [유저 : 사용자]가 변환하기 원하는 '숫자'를 묻고,
if, elif, else Statement
[이프, 엘리프, 엘스 스테이트먼트 : if 조건문]를 사용하여
각각의 값을 **print ( )** 하는 방식입니다.
선택지 범위를 벗어나는 경우에 대해서는
print ('Please select operation again!')이라고 합니다.

Read a chapter, then do interactive exercises to make your Python knowledge stick.

마이 미니 소프트웨어 18

: 간단하지만 매우 중요한 **18**가지 **Mini Software**를 만듭니다!

M09

```
>>> print ('Inch - Centimeter Converter')
>>> print ('Select operation :')
>>> print ('1. inch to centimeter')
>>> print ('2. centimeter to inch')
>>> choice = input ('Enter choice, 1 or 2? : ')
>>> if choice == '1' :
...     num = float (input ('Enter the number : '))
...     print (num * 2.5399, 'cm')
... elif choice == '2' :
...     num = float (input ('Enter the number : '))
...     print (num * 0.393701, 'inch')
... else:
...     print ('Please select operation again!')
```

● The Honey Tips for Coding and Computational Thinking

● The Very Basics Of Python

My Mini Software 10.
Exchange Rate Calculator
환율 계산기

We can learn **complete primary skills** of **Python fast** and **fun.**

● Python Tutorial for Absolute Beginners

: 환율 계산기는 미국 달러화/중국 위안화와
우리나라 원화의 환율을 계산하는 계산기입니다.

환율 계산기는 **if Statement**
[이프 스테이트먼트 : if 조건문]를 사용합니다.
통화는 '소수점'으로도 표시되기 때문에
float ( ) Function을 사용합니다.
'달러화 〉 원화' 변환공식은 **(달러화 * 1070.5)**이며,
'위안화 〉 원화' 변환공식은 **(위안화 * 170.2)**입니다.
(2018년 특정일 기준)

제일 먼저 **'Exchange Rate Calculator'**라는
제목을 **print ( )** 합니다.
그리고 1) '달러화 〉 원화', 2) '위안화 〉 원화' 중 하나를
User가 선택할 수 있도록 선택지를 제시합니다.

그리고 나서 **input ( ) Function [인풋 펑션]**으로
User [유저 : 사용자]가 변환하기 원하는 '금액(숫자)'을 묻고,
if, elif, else Statement
[이프, 엘리프, 엘스 스테이트먼트 : if 조건문]를 사용하여
각각의 값을 **print ( )** 하는 방식입니다.
선택지 범위를 벗어나는 경우에 대해서는
print ('Please select currency again!')이라고 합니다.

● Read a chapter, then do interactive exercises to make your Python knowledge stick.

마이 미니 소프트웨어 18
: 간단하지만 매우 중요한 18가지 Mini Software를 만듭니다!

M10

```
>>> print ('Exchange Rate Calculator')
>>> print ('Select currency :')
>>> print ('1. US $')
>>> print ('2. Chinese ¥')
>>> choice = input ('Enter choice, 1 or 2? : ')
>>> if choice == '1' :
...   num = float (input ('Enter the number : '))
...   print (num * 1070.5, 'Won')
... elif choice == '2' :
...   num = float (input ('Enter the number : '))
...   print (num * 170.2, 'Won')
... else:
...   print ('Please select currency again!')
```

이제 우리는 같은 방식으로 '유럽 유로화/일본 엔화' 등 전 세계 환율 계산기를
당장 만들 수 있습니다!

The Honey Tips for Coding and Computational Thinking

The Very Basics Of Python

● Read a chapter, then do interactive exercises to make your Python knowledge stick.

● The Ultimate Beginners' Guide for Coding with Python

My Mini Software 11.
+- Calculator

My Mini Software 11.
+- Calculator
덧셈-뺄셈 계산기

: 덧셈-뺄셈 계산기를 만듭니다.

덧셈-뺄셈 계산기는 **if Statement**
[이프 스테이트먼트 : if 조건문]를 사용합니다.
'소수점'으로 표시될 수 있기 때문에
float ( ) Function을 사용합니다.

제일 먼저 **'+- Calculator'**라는
제목을 **print ( )** 합니다.
그리고 덧셈-뺄셈 **Function**을 만듭니다.
def add (x, y):과 **def subtract (x, y):**을 사용합니다.
그리고 1) '덧셈', 2) '뺄셈' 중 하나를
User가 선택할 수 있도록 선택지를 제시합니다.

그리고 나서 **input ( ) Function [인풋 펑션]**으로
User가 1번 혹은 2번을 택하면,
다음으로 계산을 원하는 숫자 **num1**과 **num2**를 각각 요구합니다.
다음은 **if, elif, else Statement**
[이프, 엘리프, 엘스 스테이트먼트 : if 조건문]를 사용하여
덧셈과 뺄셈 각각의 식과 값을 **print ( )** 하는 방식입니다.
선택지 범위를 벗어나는 경우에 대해서는
print ('Please select operation again!')이라고 합니다.

● Read a chapter, then do interactive exercises to make your Python knowledge stick.

마이 미니 소프트웨어 18
: 간단하지만 매우 중요한 18가지 Mini Software를 만듭니다!

M11

```
>>> print ('+- Calculator')
>>> def add (x, y):
...     return x + y
>>> def subtract (x, y):
...     return x - y
>>> print ('Select operation : ')
>>> print ('1. Add')
>>> print ('2. Subtract')
>>> choice = input ('Enter choice, 1 or 2? : ')
>>> if choice == '1' :
...     num1 = float (input ('Enter first number : '))
...     num2 = float (input ('Enter second number : '))
...     print (num1, '+', num2, '=', add (num1,num2))
... elif choice == '2' :
...     num1 = float (input ('Enter first number : '))
...     num2 = float (input ('Enter second number : '))
...     print (num1, '-', num2, '=', subtract (num1,num2))
... else:
...     print ('Please select operation again!')
```

● The Honey Tips for **Coding** and **Computational Thinking**

● The Very Basics Of Python

● Read a chapter, then do interactive exercises to make your Python knowledge stick.

● The Ultimate Beginners' Guide for Coding with Python

My Mini Software 12.
*/ Calculator

My Mini Software 12.
*/ Calculator

곱셈-나눗셈 계산기

: 곱셈-나눗셈 계산기를 만듭니다.

곱셈-나눗셈 계산기는
if Statement [이프 스테이트먼트 : if 조건문]를 사용합니다.
'소수점'으로 표시될 수 있기 때문에
float ( ) Function을 사용합니다.

제일 먼저 **'*/ Calculator'**라는
제목을 **print ( )** 합니다.
그리고 곱셈-나눗셈 **Function**을 만듭니다.
def multiply (x, y):과 **def divide (x, y):**을 사용합니다.
그리고 1) '곱셈', 2) '나눗셈' 중 하나를
User가 선택할 수 있도록 선택지를 제시합니다.

그리고 나서 **input ( ) Function [인풋 펑션]**으로
User가 1번 혹은 2번을 택하면, 다음으로
계산을 원하는 숫자 **num1**과 **num2**를 각각 요구합니다.
다음은 **if, elif, else Statement**
[이프, 엘리프, 엘스 스테이트먼트 : if 조건문]를 사용하여
곱셈과 나눗셈 각각의 식과 값을 **print ( )** 하는 방식입니다.
선택지 범위를 벗어나는 경우에 대해서는
print ('Please select operation again!')이라고 합니다.

● Read a chapter, then do interactive exercises to make your Python knowledge stick.

마이 미니 소프트웨어 18

: 간단하지만 매우 중요한 18가지 Mini Software를 만듭니다!

M12

```
>>> print ('*/ Calculator')
>>> def multiply (x, y):
...     return x * y
>>> def divide (x, y):
...     return x / y
>>> print ('Select operation : ')
>>> print ('1. Multiply')
>>> print ('2. Divide')
>>> choice = input ('Enter choice, 1 or 2? : ')
>>> if choice == '1' :
...     num1 = float (input ('Enter first number : '))
...     num2 = float (input ('Enter second number : '))
...     print (num1, '*', num2, '=', multiply (num1, num2))
... elif choice == '2' :
...     num1 = float (input ('Enter first number : '))
...     num2 = float (input ('Enter second number : '))
...     print (num1, '/', num2, '=', divide (num1, num2))
... else:
...     print ('Please select operation again!')
```

 이제 우리는 같은 방식으로 '덧셈 + 뺄셈 + 곱셈 + 나눗셈' 모두를 합해서
'4칙연산 계산기'를 당장 만들 수 있습니다!

● The Honey Tips for Coding and Computational Thinking

● The Very Basics Of Python

● Read a chapter, then do interactive exercises to make your Python knowledge stick.

● The Ultimate Beginners' Guide for Coding with Python

My Mini Software 13.
Sign Up

My Mini Software 13. Sign Up
가입하기

: 가장 많이 사용한다는 **Sign Up** [싸인 업: 등록/가입] 장치를 만듭니다.

Sign Up 장치는 **if Statement**
[이프 스테이트먼트 : if 조건문]를 사용합니다.
'숫자'도 필요하기 때문에 **int ( ) Function**을 사용합니다.
제일 먼저 **'Sign Up'**이라는 제목을 **print ( )** 합니다.
그리고 **input ( ) Function** [인풋 펑션]으로 **User**의 **ID**를 묻고,
다음으로 **PW**를 묻습니다. 이때 **int ( ) Function**을 사용합니다.
그리고 **if Statement**를 사용하여 **PW**를 2중으로 확인하는데,
if PW == PW2 :과 **if PW != PW2 :**의 경우로 나누어
각각을 **'You are successfully signed up.'** 또는
'Please, rewrite the PW again!'으로 **print ( )** 합니다.

M13

```
>>> print ('Sign Up')
>>> ID = input ('Enter your ID. : ')
>>> PW = int (input ('Enter your PW. : '))
>>> PW2 = int (input ('Enter your PW again. : '))
>>> if PW == PW2 :
...    print ('You are successfully signed up.')
>>> if PW != PW2 :
...    print ('Please, rewrite the PW again!')
```

Read a chapter, then do interactive exercises to make your Python knowledge stick.

● The Ultimate Beginners' Guide for Coding with Python

My Mini Software 14.
Korean Film Rate Checker

My Mini Software 14.
Korean Film Rate Checker
한국 영화 등급 기준기

: 한국 영화 등급 기준기를 만듭니다.

영화 등급 기준기는 **if Statement** [이프 스테이트먼트 : if 조건문]를 사용합니다.
제일 먼저 **'Korean Film Rate Checker'**라는 제목을 **print ( )** 합니다.
그리고 **input ( ) Function** [인풋 펑션]으로 **User**의 '나이'를 묻습니다.
이때 **int ( ) Function**을 사용합니다. **if Statement**를 사용하여
부모 동반/**12**세/**15**세/청불 등으로 구분하고,
각각의 경우를 **'You can see a rated ~ movie.'** 또는
'You need your parents guide.' 등으로 **print ( )** 합니다.

M14

```
>>> print ('Korean Film Rate Checker')
>>> age = int (input ('How old are you? : '))
>>> if age >= 19 :
...    print('You can see a rated R movie.')
>>> elif age >= 15 :
...    print('You can see a rated 15+ movie.')
>>> elif age >= 12 :
...    print ('You can see a rated 12+ movie.')
>>> else :
...    print('You need your parents guide.')
```

 이제 우리는 같은 방식으로 국가별 기준을 적용한 '글로벌 영화 등급 기준기'를 당장 만들 수 있습니다!

The Honey Tips for Coding and Computational Thinking

● The Very Basics Of Python

● Read a chapter, then do interactive exercises to make your Python knowledge stick.

● The Ultimate Beginners' Guide for Coding with Python

My Mini Software 15.
Progressive Tax Calculator

My Mini Software 15.
Progressive Tax Calculator
한전 전기료 누진세 계산기

: 한전 전기료 누진세 계산기를 만들어 봅시다!
(2016년 12월 주택용-저압 기준, 부가세 별도)

전기료 누진세 계산기는 **if Statement [이프 스테이트먼트 : if 조건문]**를 사용합니다.
'소수점'으로 표시될 수 있기 때문에 **float ( ) Function**을 사용합니다.
요금은 '원 단위 절사' 표시되기 때문에 **round ( ) Function**을 사용합니다.

제일 먼저 **'Progressive Tax Calculator'**라는
제목을 **print ( )** 합니다.
input ( ) Function [인풋 펑션]으로
User [유저 : 사용자]의 '사용량 **kWh**'를 묻고,
사용량 **kWh** 구간별로 3가지를
if, elif, ... else Statement로 나열합니다.
먼저 구간을 나누고,
시간당 구간별 기본요금에 사용한 전력량과
전기요금을 곱한 금액을 합산하여 **print ( )** 하면 됩니다.

(구간별 기본요금 : **400kWh** 초과 **7300원**,
200kWh 초과 **400kWh** 이하 **1600원**, **200kWh** 이하 **910원**)

(구간별 전기요금 : **400kWh** 초과 **280.6원**,
200kWh 초과 **400kWh** 이하 **187.9원**, **200kWh** 이하 **93.3원**)

● Read a chapter, then do interactive exercises to make your Python knowledge stick.

마이 미니 소프트웨어 18
: 간단하지만 매우 중요한 18가지 Mini Software를 만듭니다!

M15

```
>>> print ('Progressive Tax Calculator')
>>> kWh = float (input ('Enter your kWh : '))
>>> if kWh > 400 :
...    print (round (7300 + kWh * 280.6), 'Won')
... elif 200 < kWh <= 400 :
...    print (round (1600 + kWh * 187.9), 'Won')
... else :
...    print (round (910 + kWh * 93.3), 'Won')
```

이제 우리는 같은 방식으로 각종 누진요금 계산기나 수도요금 등
공과금 계산기를 당장 만들 수 있습니다!

● The Honey Tips for Coding and Computational Thinking

● The Very Basics Of Python

● Read a chapter, then do interactive exercises to make your Python knowledge stick.

● The Ultimate Beginners' Guide for Coding with Python
My Mini Software 16.
Leap Year Counter

My Mini Software 16.
Leap Year Counter
윤년 계산기

: 윤년 계산기를 만들어 봅시다!

윤년인지 아닌지 확인하는 방법은 연도를
4로 나누었을 때 나머지가 **0**이고,
100으로 나누었을 때 나머지가 **0**이 아니면 윤년입니다.
단, 예외적으로 **100**으로 나누었을 때 나머지가 **0**이어도
400으로 나누었을 때 나머지가 **0**이면 무조건 윤년입니다.

윤년 계산기는 **if Statement**
[이프 스테이트먼트 : if 조건문]를 사용합니다.
'숫자'로 표시되기 때문에
int ( ) Function을 사용합니다.

제일 먼저 **'Leap Year Counter'**라는
제목을 **print ( )** 합니다.
input ( ) Function [인풋 펑션]으로
User [유저 : 사용자]의 **year [이어 : 연도]**를 묻고,
if, else Statement로 **4, 100, 400**으로 나누었을 때 각각의 결과를
. format ( ) Method [닷 포멧 메써드]를 사용하여
print ( ) 하면 됩니다.

● Read a chapter, then do interactive exercises to make your Python knowledge stick.

마이 미니 소프트웨어 18

: 간단하지만 매우 중요한 **18**가지 **Mini Software**를 만듭니다!

M16

```
>>> print ('Leap Year Counter')
>>> year = int (input ('Enter a year : '))
>>> if( (year % 4) == 0):
...    if ( (year % 100 ) == 0):
...        if ( (year % 400) == 0):
...            print("{0} is a leap year" . format(year))
...        else:
...            print("{0} is not a leap year".format(year))
...    else:
...        print("{0} is a leap year".format(year))
... else:
...    print ("{0} is not a leap year".format(year))
```

● The Honey Tips for **Coding** and **Computational Thinking**

● The Very Basics Of Python

● Read a chapter, then do interactive exercises to make your Python knowledge stick.

● The Ultimate Beginners' Guide for Coding with Python
My Mini Software 17.
What to Eat?

My Mini Software 17.
What to Eat?
뭐 먹지? 랜덤 뽑기!

● We can learn complete primary skills of Python fast and fun.

● Python Tutorial for Absolute Beginners

: 랜덤으로 '뭐 먹지?'를 만들어 보겠습니다.

Random Module을 **import** 하고,
선택지를 **List** [리스트 : 목록/리스트]로 만들어
choice ( ) [초이스 : 선택] **Function**으로
선택하도록 하면 됩니다.

제일 먼저 **'What to Eat?'** 라는
제목을 **print ( )** 합니다.

그리고 **Random Module**을 **import** 합니다.

options = ['Chicken', 'Sushi', 'Jajangmyeon', 'Bulgogi']라는
List를 만듭니다.

choice ( ) Function으로 선택한 것을 **choice**라고 하고,
'The menu is {}.' . format (choice)로
choice를 **print ( )** 하면 됩니다.

● Read a chapter, then do interactive exercises to make your Python knowledge stick.

마이 미니 소프트웨어 18

: 간단하지만 매우 중요한 18가지 Mini Software를 만듭니다!

M17

```
>>> print ('What to Eat?')
>>> import random
>>> options = ['Chicken', 'Sushi', 'Jajangmyeon', 'Bulgogi']
>>> choice = random. choice (options)
>>> print ('The menu is {}.' . format (choice))
```

 이제 우리는 같은 방식으로 각종 '사다리'를 탈 수 있게 되었습니다.

● The Honey Tips for Coding and Computational Thinking

● The Very Basics Of Python

● Read a chapter, then do interactive exercises to make your Python knowledge stick.

● The Ultimate Beginners' Guide for Coding with Python

My Mini Software 18.
BMI Calculator

My Mini Software 18.
BMI Calculator
체질량 지수(비만도) 계산기

We can learn **complete primary skills** of **Python fast** and **fun.**

● Python Tutorial for Absolute Beginners

: **BMI**란 '체질량 지수' (**Body Mass Index**)를 말하며,
비만도를 나타내는 지수입니다.
우리는 **BMI Calculator**를 만들려고 합니다. (남성용)

BMI Calculator는
if Statement [이프 스테이트먼트 : if 조건문]를 사용합니다.

BMI 산출식은 **bmi = weight / height²**으로
각각 **kg**과 **m**로 표시합니다.
그리고 '소수점'으로 표시될 수 있기 때문에
float ( ) Function을 사용합니다.

제일 먼저 **'BMI Calculator'**라는 제목을 **print ( )** 합니다.
input ( ) Function [인풋 펑션]으로 **User** [유저 : 사용자]의 '체중(**kg**)과 키(**m**)'를 묻고,
BMI 계산공식 **bmi = weight / (height ∗∗2)**를 적용합니다.
그리고 구간별로 6가지 상태를 **if, elif, ... else Statement**로 나열합니다.
<= bmi <로 구간을 나누고, 구간별 해당 상태를 **print ( )** 하면 됩니다.

(구간별 비만 평가 : **bmi < 18.5** : 저체중, **18.5 ≦ bmi < 23** : 정상,
23 ≦ bmi < 25 : 과체중, **25 ≦ bmi < 30** : 경도비만 (비만 1),
30 ≦ bmi < 35 : 중등도비만 (비만 2), **bmi ≧ 35** : 고도비만 (비만 3))

● Read a chapter, then do interactive exercises to make your Python knowledge stick.

마이 미니 소프트웨어 18

: 간단하지만 매우 중요한 **18**가지 **Mini Software**를 만듭니다!

M18

```
>>> print ('BMI Calculator')
>>> weight = input ('Weight in kg : ')
>>> weight = float (weight)
>>> height = input ('Height in m : ')
>>> height = float (height)
>>> bmi = weight / (height **2)
>>> if bmi < 18.5 :
...    obesity = 'Under Weight'
... elif 18.5 <= bmi < 23 :
...    obesity = 'Healthy Weight'
... elif 23 <= bmi < 25 :
...    obesity = 'Overweight'
... elif 25 <= bmi < 30 :
...    obesity = 'Obese 1'
... elif 30 <= bmi < 35 :
...    obesity = 'Obese 2'
... else :
...    obesity = 'Obese 3'
... print ('You are {}.' . format (obesity))
```

● The Honey Tips for **Coding** and **Computational Thinking**

● The Very Basics Of Python

Python Tutorial for Absolute Beginners

Python Coding [파이썬 코딩]을 **연습**하는 세상에서 **가장 빠른 방법**!

❶ '**국가대표 파이썬 첫걸음**' 학습자를 위한
Code Data [코드 데이터 : 코드 자료]를
웹하드에서 **다운로드** 받습니다.
원하는 **Code** 부분을 **복사**합니다.

❷ 다음은 **Python**을 각자의 **PC**에 설치할 필요 없이
곧바로 사용할 수 있는 **Repl.it** 사이트에
무료 접속합니다.

❸ 그리고 복사한 **Code** 부분을 **Repl.it** 사이트의
왼쪽의 **Editor** [에디터 : 편집기] 창에 **붙여넣고**,
상단의 **Run** [런 : 실행] **버튼**을 누르면
옆의 **cmd** 창으로 결과가 즉시 **출력, 끝**!!!

: 자세한 사항은 교재 시작 부분의
Tutorial [튜토리얼]을 참고하시면 됩니다!

● **Learn Python Step-by-Step How to Create Your Own Program!**